Compilado por
~ Gay Leonard ~
ARTÍCULOS
DE FE

En qué creen los nazarenos y porqué

Casa Nazarena de Publicaciones

Publicado por
Casa Nazarena de Publicaciones
17001 Praire Star Parkway
Lenexa, KS 66220 EUA.

informacion@editorialcnp.com • www.editorialcnp.com

Título original en inglés:
Articles of Faith. What Nazarenes Believe and Why
Compiled by Gay Leonard
Copyright © 2005
Beacon Hill Press of Kansas City
A Division of Nazarene Publishing House
Kansas City, Missouri 64109 USA

This edition published by arrangement
with Nazarene Publishing House
All rights reserved

Esta edición se publica con permiso de
Nazarene Publishing House
Copyright © 2009
Todos los derechos reservados

ISBN 978-1-56344-559-0

Traductor: Ignacio D. Pesado
Diseño de portada y páginas interiores: Jerson Chupina

Categoría: Cristianismo / Doctrina / Estudio bíblico

A menos que se indique lo contrario, todas las citas bíblicas han sido tomadas de la Biblia Nueva Versión Internacional, 1999 de Sociedad Bíblica Internacional.

Excepto para breves citas, ninguna parte de este libro puede ser reproducida, almacenada o transmitida en cualquier forma o por cualquier medio sin la previa autorización escrita de la editorial.

CONTENIDO

Prefacio — 5
Reconocimientos — 7
Preámbulo — 9

1. El Dios Trino — 11
2. Jesucristo — 17
3. El Espíritu Santo — 23
4. Las Sagradas Escrituras — 27
5. El Pecado, Original y Personal — 33
6. La Expiación — 39
7. La Gracia Preveniente — 45
8. El Arrepentimiento — 51
9. La Justificación, la Regeneración y la Adopción — 57
10. La Entera Santificación — 63
11. La Iglesia — 71
12. El Bautismo — 77
13. La Santa Cena — 83
14. La Sanidad Divina — 89
15. La Segunda Venida de Cristo — 95
16. La Resurrección, el Juicio y el Destino — 101

PREFACIO

*A*rtículos de fe. Para los nazarenos, estas palabras contienen el núcleo del sentido de identidad de nuestra denominación. Estas son las expresiones más concisas de nuestras creencias y forman la vida de la iglesia. Cuidadosamente conformados por las asambleas generales de la Iglesia del Nazareno durante la historia de nuestra existencia, estos artículos proveen el "pegamento" esencial que une y solidifica a la iglesia en su totalidad.

Estos artículos no son meras ideas abstractas. Son el alma de la Iglesia del Nazareno. No tenemos razón de existir como un cuerpo global si estamos apartados de la expresión unificadora de nuestras creencias tal cual se articulan en estos artículos.

Estas no son simples ideas de hombres y mujeres que se reunieron periódicamente para crear un consenso y así poder mantener una institución humana. Creemos que estos artículos son la descripción precisa de las enseñanzas de la Palabra de Dios, la Santa Biblia. Creemos que los artículos de fe son las bases en que la Iglesia del Nazareno, una expresión particular del cuerpo de Cristo, encuentra su razón de existir.

Estos artículos no son teóricos. Son intencionalmente prácticos. Describen creencias que definen prácticas. Nosotros vivimos por medio de estos artículos. Nos ayudan a entender nuestra relación con Dios, con los demás, y con el mundo que nos rodea.

El presente estudio de los Artículos de Fe de la Iglesia del Nazareno provee a la iglesia una explicación fresca y contemporánea de estas declaraciones vitales. Como los mismos artículos, este estudio es intencionalmente conciso. No tiene la intención de proveer una justificación comprensiva o defensa de los artículos. Esa es la tarea de teólogos, estudiantes, pastores y líderes de la denominación. Esto nos sirve para facilitar su entendimiento. Este es un "libro de iglesia", que intenta ayudarnos a tener un claro entendimiento de lo que estos artículos nos enseñan y como encuentran su expresión en hogares, escuelas e iglesias. El material de estudio al final de cada capítulo nos ayudará a aplicar estas declaraciones de creencias a nuestro diario vivir.

La Iglesia del Nazareno es una institución que se guía por el mensaje.

El mensaje que trajo a existencia la iglesia, se encuentra dentro de los propósitos de un Dios amoroso que envió a su hijo al mundo para reconciliar a la humanidad consigo mismo. Él desea que lo conozcamos, que estemos con Él. Ha dejado claro que podemos amar a otros como Él nos amó a nosotros. Lo ha hecho posible por medio de los sufrimientos de Cristo en nuestro lugar y por medio del efectivo trabajo del Espíritu Santo en nuestras vidas. Este mensaje es desesperadamente importante para nosotros y para el mundo al cual nosotros estamos llamados a ministrar. Por esta razón es esencial que, no simplemente creamos en estas cosas, sino que también ellas determinen cómo vivimos y nos relacionamos entre nosotros y con el resto de la humanidad.

Sin este mensaje, no tenemos misión. Y sin misión, no tenemos mensaje. Los dos están entrelazados. Si estas creencias no nos moldean, no tienen significado. O nos conducen a un mundo destruido con pasión y amor santo, o son creencias estériles e inefectivas.

Así que esto es vida. Esto es lo que somos. Y así es como vivimos. Léalos. Deténgase en ellos y deje que moldeen, no sólo lo que usted cree, sino también como vive.

Jesse C. Middendorf
Superintendente General Iglesia del Nazareno

RECONOCIMIENTOS

Un aprecio especial se expresa a Rob Staples, Stan Ingersol, Hans Zimmerman, Carolyn Hampton, Sherry Pinson, Brent Cobb, Fred Huff, y Roderick Leupp.

PREÁMBULO

A fin de que mantengamos nuestra herencia dada por Dios, la fe una vez dada a los santos, especialmente la doctrina y experiencia de la entera santificación como segunda obra de gracia, y también para que cooperemos eficazmente con otras ramas de la iglesia de Jesucristo para expandir el reino de Dios, nosotros, los ministros y los miembros laicos de la Iglesia del Nazareno, en conformidad con los principios de la legislación constitucional establecida entre nosotros, por la presente ordenamos, adoptamos y publicamos como la ley fundamental o constitución de la Iglesia del Nazareno, los Artículos de Fe.

Manual de la Iglesia del Nazareno

1
El Dios Trino

Creemos en un solo Dios eternalmente existente e infinito, Soberano del universo; que sólo Él es Dios, Creador y administrador, santo en naturaleza, atributos y propósito; que Él, como Dios, es trino en su ser esencial, revelado como Padre, Hijo y Espíritu Santo.

Manual, Artículo 1

Cada acto e impulso cristiano –oración, testimonio, fe, alabanza, adoración– surge y se nutre en las confesiones cristianas que enseñan quien es Dios y cómo se mueve por el mundo con amor. El Dios cristiano es el Dios Padre, el Dios Hijo y el Dios Espíritu Santo, los tres santos nombres de la santa Trinidad. Los grandes escritores de himnos dentro de la iglesia cristiana saben instintivamente que este es el Dios que merece ser adorado.

¡Santo, Santo, Santo Señor omnipotente!...
Dios en tres personas, bendita Trinidad
Reginald Heber

Ven, Dios omnipotente...
Ven, Palabra encarnada...
Ven, Santo consolador...
¡Dios en tres personas!
Anónimo

La iglesia ora al Padre, por medio del ministerio del Hijo, en el poder con que nos capacita el Dios Espíritu. Las representaciones artísticas de la Trinidad desde el comienzo de la iglesia representan esta verdad. Se ve al Cristo crucificado reclinado sobre el pecho de su Padre, porque por medio de la sangre de Cristo nosotros somos reconciliados con Dios. Entre el Padre y el Hijo, el Espíritu Santo aparece como una paloma, porque Él es el "vínculo de amor" entre el Padre y el Hijo.

ARTÍCULOS DE FE-

La doctrina de la Trinidad puede ser una de las doctrinas cristianas que, en un minuto, pasa de ser algo relativamente claro a una confusión total. A pesar de que la palabra "Trinidad" no aparece en el Nuevo Testamento y no fue conocida hasta que Tertuliano (160-220 d.c.) creó la expresión latina "trinitas", todos los cristianos conocían la palabra y la mayoría podían dar una explicación rudimentaria de tres personas en una y una persona en tres. Aún así, mucha gente después de esto, inclusive pastores, están perdidos. La mayor parte de los cristianos, por así decirlo, en vez de tener un sentido trinitario son monoteístas.

No todos pueden tener la Capilla Sixtina en el patio de su casa para meditar en privado. Pero, imagine un lugar a su alcance donde la belleza sea inexplicable y la verdad incuestionable. ¿No pasaría ahí el máximo tiempo posible?

La simple hermosura del Dios trino es que Dios es como Él mismo se revela. Dios ha traído una Capilla Sixtina al patio de su casa. ¿Por qué no experimentar a Dios como Él desea que lo conozcan, amen y adoren aquellos que Él creó con ese propósito?

La doctrina de la Trinidad es el argumento teológico, espiritual y ético más fuerte que nos puede dar Dios. No es por ingenuidad y curiosidad humana que se creó una doctrina rara e imposible de entender, a pesar de que esto ocurra con frecuencia. La Trinidad es el evangelio de Dios, la única oferta divina de tomar la vida humana y transformarla en una vida espiritual. Como el gran teólogo Kart Barth dijo, la Trinidad nos demuestra que Dios se corresponde perfectamente a sí mismo. De nadie más se puede decir esto.

Históricamente, la base de la doctrina de la Trinidad se encuentra en la valerosa declaración que Jesús hizo acerca de su unión con el Padre (Juan 10:30), una declaración que lo llevó directamente a su muerte.

Cuando en navidad cantamos "El santo Mesías, el Verbo hecho carne" (Venid, fieles todos de John Wade), nos damos cuenta de que la palabra eterna del Padre, encarnándose en Jesucristo, es en realidad "el mismo Dios del mismo Dios... siendo una sustancia con el Padre" (El Credo de Nicea).

Debemos entender que el Espíritu Santo no es un pensamiento que vino después. Este Espíritu es, con el Hijo, semejante y coeterno con

el Padre. Puede que sea la tercera persona de la trinidad, pero es la primera respuesta de Dios y la primera muestra de paz y sanidad para este mundo cruel. El Espíritu Santo aparece en el primer párrafo de la Biblia como la presencia de Dios que se movía sobre las aguas (Génesis 1:2).

¿Existe algún enfoque nazareno distintivo de la Trinidad?

No. Los nazarenos son parte del gran consenso ecuménico que desde el principio de la historia cristiana ha confesado a Dios como Padre, Hijo y Espíritu. Sin embargo, el énfasis nazareno en el amor y la gracia de Dios y en la busqueda de la plena conformidad con el corazón de Jesucristo encaja perfectamente con la naturaleza trina de Dios.

El corazón de Jesús desea hacer la voluntad del Padre con la constante guía y unción del Espíritu. El Dios trino es, como álguien a expresado muy bien "Dios no es solitario". Es más bien Una-comunidad-de-amor, donde cada una de las tres personas entrega su vida por las otras dos y al mismo tiempo las otras dos le entregan sus vidas. Nuestra mejor analogía humana se podría ver en cualquier familia que practicara un amor constante hacia otros, aunque esto no es nada a comparación con la brillantez de la Trinidad.

C. S. Lewis dijo: "Nosotros (como cristianos) confiamos, no porque un Dios existe, sino porque este Dios existe". Juan Wesley concluyó su sermón "La nueva creación" con un hermoso testimonio del poder centrando de Dios para hacer todas las cosas nuevas exactamente en su naturaleza trina: "¡Y, para coronar todo, habrá una profunda, íntima e ininterrumpida unión con Dios; una comunión constante con el Padre y su Hijo Jesucristo, por medio del Espíritu Santo, un continuo disfrute de los Tres en Un sólo Dios, y de todas las criaturas en Él!"

RODERICK T. LEUPP vive en Bartesville, Oklahoma, Estados Unidos con su esposa, Stephanie y sus hijas Emily y Rebecca.

CITAS DE APOYO

Tú, eterna Trinidad, eres un mar profundo, en el cual mientras más entro más encuentro, y mientras más encuentro más busco. El alma no puede ser satisfecha en tu abismo, porque ella te sigue hambrienta continuamente, la eterna Trinidad, deseando verte con la luz de tu luz.

Catalina de Siena

La doctrina de la santa Trinidad es un recordatorio de la sobrenaturaleza del cristianismo bíblico. La doctrina desafía la racionalización, y también provee al creyente una respuesta a la unidad y diversidad del mundo.

Robert P. Lightner

Huellas

La iglesia primitiva fue atormentada por herejías mucho antes de que se concluyera el Nuevo Testamento. Una herejía relacionada con la Trinidad fue promovida por Orígenes, un influyente teólogo del tercer siglo. Orígenes enseñó la subordinación de las personas divinas: Dios como el predominante sobre el Hijo y el Espíritu Santo, y las tres personas son coeternas pero no iguales. El instruyó a los creyentes a que sólo oraran al Dios Padre, creyendo que las oraciones al Hijo y al Espíritu Santo eran pecaminosas.

Nosotros reconocemos que como Dios es trino, la oración debe ser dirigida al Dios trino, sin ningún tipo de subordinación. El Padre es la "meta" de la oración, Jesús el "camino o puente" y el Espíritu Santo el "poder motivador" que lleva al creyente por el camino del Hijo hacia el Padre (C. S. Lewis, Simple cristianismo). Orar a Dios es comprometerse con la Trinidad.

Para reflexionar y poner en práctica

Los nombres de Dios tienen significados específicos y por eso son como una imagen o una promesa de Él. Examine estos pasajes bíblicos para estudiar algunos nombres de Dios.

- *EL SHADDAI:* "Dios todopoderoso" es usado 48 veces en el Antiguo Testamento, 31 veces en Job (Génesis 17:1).
- *JEHOVÁ-JIREH:* "El Señor proveerá" proviene del hebreo "para ver" o "predecir". Él reconoce nuestras necesidades y provee (Génesis 22:14).
- *JEHOVÁ-M´KADDESH:* "El Señor que santifica" hace santo o separa para santificación (Éxodo 31:13; Levítico 20:8).
- *JEHOVÁ-SHALOM:* "El Señor nuestra paz" trae paz de nuestra "santidad" por medio de nuestra correcta relación con Dios y con nuestro prójimo (Jueces 6:24).

- **JEHOVÁ TSIDKENU:** "El Señor nuestra justicia" viene de tsidek recto, balanceado, correcto, justo (Jeremías 23:5-6; 33:16)
- **JEHOVÁ ROHI:** "El Señor nuestro pastor" proviene de roéh, pastorear (Salmo 23:1).
- **JEHOVÁ-SHAMMAH:** "El Señor esta ahí" siempre presente (Ezequiel 48:35).
- Algunos de los nombres de Dios más predominantes son plurales, sugiriendo tres en uno, la naturaleza de la Trinidad.
- El, Dios, "poderoso, fuerte, prominente" es usado aproximadamente 250 veces en el Antiguo Testamento (Génesis 1:1) ELOHIM, el plural de EL, es usado con verbos en singular.
- **JEHOVÁ,** "Señor" (Traducido todo en mayúsculas). YAHWEH es el nombre del pacto de Dios, esto ocurre más de 6,800 veces en el Antiguo Testamento (Éxodos 6:3). Del verbo "ser", YAHWEH es "Aquel que auto-existe". "Yo Soy El que Soy" o "Yo Seré El que Seré", como fue revelado a Moisés cuando vio arder la zarza (Éxodo 3). Deuteronomio 6:4-5 usa ambos Jehová y Elohim para indicar un Dios con pluralidad de personas.
- **ADONAI:** "Señor" (Sólo la S mayúscula) es usada 300 veces en el Antiguo Testamento, siempre en plural cuando se refiere a Dios. Cuando es singular, la referencia es un maestro o señor humano. (Vea ambos Jehová "Señor" y Adonai "Señor" en el Salmo 110:1).

REFERENCIAS BÍBLICAS ADICIONALES

Génesis 1; Levítico 19:2; Deuteronomio 6:4-5; Isaías 5:16; 6:1-7; 40:18-31; Mateo 3:16-17; 28:19-20; Juan 14:6-27; 1 Corintios 8:6; 2 Corintios 13:14; Gálatas 4:4-6; Efesios 2:13-18.

2
Jesucristo

Creemos en Jesucristo, la Segunda Persona de la Divina Trinidad; que Él eternamente es uno con el Padre; que se encarnó por obra del Espíritu Santo y que nació de la virgen María, de manera que dos naturalezas enteras y perfectas, es decir, la Deidad y la humanidad, fueron unidas en una Persona, verdadero Dios y verdadero hombre, el Dios-hombre.

Creemos que Jesucristo murió por nuestros pecados, y que verdaderamente se levantó de entre los muertos y tomó otra vez su cuerpo, junto con todo lo perteneciente a la perfección de la naturaleza humana, con lo cual Él ascendió al cielo y está allí intercediendo por nosotros.

Manual, Artículo 2

Pregunte, "¿quién es Jesús?" y los cristianos normalmente le responderían, "el Hijo de Dios"... "y el Hijo de María". Aunque esta respuesta suene simple, esconde detrás una rica e intrigante historia. Las confesiones cristianas sobre la identidad de Jesús no aparecieron repentinamente. Surgieron mientras el pueblo de Dios intentaba entender su naturaleza divina y humana. En pocas palabras, los cristianos creemos que Jesucristo es "Dios y es hombre" (Manual, Artículo 2).

Aunque el Nuevo Testamento se refiere a Jesús como el Hijo de Dios (divino) y el Hijo del Hombre (humano), no intenta reconciliar estas referencias. Como resultado, los cristianos primitivos tendían a enfatizar la divinidad de Jesús sobre su humanidad o su humanidad sobre su divinidad. Estas tendencias alimentaron varias herejías, y los concilios cristianos primitivos trataron la pregunta "¿Cómo debemos entender a Jesús?"

Los cristianos primitivos eran influenciados por la creencia popular de que todas las cosas materiales, incluyendo el cuerpo humano, eran malignas. Por lo tanto, al aceptar la humanidad de Jesús algunos se sentían reacios a aceptar su divinidad. Para evitar hablar de Dios en términos de

ARTÍCULOS DE FE

carne y sangre, aquellos cristianos intentaron exaltar a Jesús sin equipararlo con Dios. Algunos hablaban de Él como un miembro de la masa angelical o como una emanación de Dios. Otros insistían que era una criatura, Jesús era el primero de la creación de Dios o que fue escogido como el Mesías por medio de su perfecta obediencia a la ley de Dios. Otros argumentaban que el "Cristo divino" había descendido sobre el "Jesús terrenal", resultando así la coexistencia de las dos personas.

A pesar de estas explicaciones, la iglesia condenó todas las herejías que rechazaban al Cristo completamente divino. Afirmaron que Él siempre fue divino y nunca cesó de ser divino en su vida terrenal. "Él es la imagen del Dios invisible..." (Colosenses 1:15) y vino a ser el Verbo que "...era con Dios, y ...era Dios" (Juan 1:1). Jesús entró en la historia humana pero no fue creado por ella. En las palabras del Credo de Nicea, Él era "unigénito, no hecho". Afirmando la divinidad de Cristo, la iglesia declaró que Jesús fue "concebido por el Espíritu Santo, nacido de la virgen María" (Credo de los Apóstoles).

Firmes en su insistencia de que Jesús era "eternamente uno con el Padre" (Manual, Artículo 2) y al mismo tiempo la creencia de que Dios uno es, la iglesia basa su interpretación de Cristo en la naturaleza trina de Dios. Por eso los cristianos afirmamos que Jesús es la segunda persona de la Trinidad. Como es apropiado entender que Jesús emerge de la naturaleza trina, tiene sentido que el artículo de fe sobre Jesucristo esté inmediatamente después del artículo sobre el Dios trino.

Como algunos de los cristianos primitivos rechazaban la divinidad de Jesús, otros rechazaban su humanidad. De nuevo influenciados por la creencia de que todas las cosas materiales eran malignas, algunos de los que aceptaron su divinidad concluyeron que Él no debía ser verdaderamente humano; sólo parecía humano. Otros pensaban que la naturaleza humana de Jesús era absorbida por la naturaleza divina, y así mientras Él vivió en la tierra no experimentó verdadera humanidad. Sin embargo, como la iglesia rechazó las ideas de la completa divinidad de Jesús, también condenó las ideas de su completa humanidad.

La iglesia afirmó la encarnación, la creencia de que el Verbo divino se transformó en carne y sangre y vivió una vida humana real. Rechazó que era simple apariencia humana, afirmando que Jesús era completamente humano. "Lo que hemos oído, lo que hemos visto con nuestros propios ojos, lo que hemos contemplado, lo que hemos tocado con las manos" (1 Juan 1:1). La iglesia confesó que Él verdaderamente "sufrió... fue crucificado, murió y fue enterrado" (Credo de los Apóstoles). Porque Él desarrolló una vida de manera humana, enfrentó tentación, conoció el sufrimiento físico, el dolor y experimentó la muerte, Él puede ahora identificarse con nuestras experiencias humanas (Hebreos 2:14-18). Como el resucitado y ascendido Señor, Él es el sacerdote que intercede por nosotros (Hebreos 9:24; 10:19-20).

Con todos los malentendidos sobre la identidad de Cristo, la iglesia confesó que dos naturalezas enteras y perfectas- divina y humana- estaban unidas en una persona, Jesucristo. Por un lado, era "el mismísimo Dios"; y por el otro, "fue hecho hombre" (El Credo de Nicea). Siglos después, continúan existiendo malentendidos sobre Cristo y, con frecuencia, son aceptados inocentemente como válidos. Algunos continúan hablando de Jesús como si fuese parcialmente humano y parcialmente divino, otros hablan de dos personas diferentes residiendo juntas dentro de una misma. Otras concepciones populares ven a Cristo como un ser humano en ciertas ocasiones y como divino en otras, o que una naturaleza "se impone" o es "absorbida por" la otra.

La iglesia continúa rechazando todos estos puntos de vista y confiesa que Jesús era completamente divino y completamente humano durante toda su vida. En Jesucristo nosotros vemos a Dios; en Jesucristo vemos la humanidad.

En otras palabras, en Cristo, "dos naturalezas completas y perfectas... Dios y hombre, están unidas en una persona, el Dios-hombre" (Manual, Artículo 2).

TIM GREEN es el decano de la Escuela de Religión en la Universidad Nazarena de Trevecca en Nashville, Estados Unidos.

ESTUDIO DE PALABRAS

Mesías. Del arameo Mesiah, significa "el ungido". Vino a significar el ungido como servidor o libertador. En griego "Cristo" es sinónimo del hebreo "Mesías". "Cristo" es un título, no un nombre. Cuando lo llamamos

ARTÍCULOS DE FE-

"Jesucristo", o mejor dicho "Jesús el Cristo", como Pedro dijo en Lucas 9:20, confesamos que Él es el Mesías que fue prometido por los profetas del Antiguo Testamento.

Citas de apoyo

Él tomó sobre sí mismo la carne en la cual nosotros pecamos, para que al cargarla pudiera perdonar nuestros pecados; carne que comparte con nosotros al cargarla, no por haber pecado. Él eliminó por medio de su muerte la sentencia de muerte para que por una nueva creación de nuestra raza en sí mismo pudiese barrer el castigo señalado por la Ley... Porque la Biblia anticipó que Aquel que es Dios debía morir; que la victoria y triunfo de aquellos que confían en Él se encuentra en el hecho de que Él, que es inmortal y no puede ser vencido por la muerte, debía morir para que los mortales pudiesen ganar eternidad.

Hilary, En la Trinidad

Para reflexionar y poner en práctica

Los nombres y títulos de Jesús proveen un largo y rico estudio bíblico. Aquí sólo están algunos de los que aparecen en la Biblia. Considere el significado de cada término y de cada cualidad que se atribuye a Jesús. Medite en como cada palabra en particular enseña y enriquece su entendimiento sobre el carácter de Jesús.

- Consolador maravilloso, Dios poderoso, Padre eterno, Príncipe de paz – Isaías 9:6
- Jesús – Mateo 1:21
- Emmanuel – Mateo 1:23
- Santo de Dios – Marcos 1:24
- El Cristo – Marco 8:29
- Hijo del Altísimo – Lucas 1:32
- El Verbo – Juan 1:1
- El Cordero de Dios – Juan 1:29
- Mesías – Juan 1:41
- Salvador – Juan 4:42
- El Pan de Vida – Juan 6.35
- La Luz del Mundo – Juan 8:12

- La Puerta – Juan 10:7
- El Buen Pastor – Juan 10:11
- El Camino, La Verdad, La Vida – Juan 14:6
- La Vid – Juan 15:5
- Sumo Sacerdote – Hebreos 7:26
- Autor y Consumador de la Fe – Hebreos 12:2
- Piedra Viva – 1 Pedro 2:4
- Cabeza de Ángulo – 1 Pedro 2:7
- El Amén – Apocalipsis 3:14
- El Alfa y La Omega, El Principio y El Fin, El Primero y El Último – Apocalipsis 22:13
- La Raíz y El Linaje de David – Apocalipsis 22:16
- Estrella Resplandeciente de la Mañana – Apocalipsis 22:16

REFERENCIAS BÍBLICAS ADICIONALES

Mateo 1:20-25; 16:15-16; Lucas 1:26-35; Juan 1:1-18; Hechos 2:22-36; Romanos 8:3, 32-34; Gálatas 4:4-5; Filipenses 2:5-11; Colosenses 1:12-22; 1 Timoteo 6:14-16; Hebreos 1:1-5; 7:22-28; 9:24-28; 1 Juan 1:1-3; 4:2-3, 15.

3
El Espíritu Santo

Creemos en el Espíritu Santo, la Tercera Persona de la Divina Trinidad, que Él está siempre presente y eficazmente activo en la Iglesia de Cristo y juntamente con ella, convenciendo al mundo de pecado, regenerando a los que se arrepienten y creen, santificando a los creyentes y guiando a toda verdad la cual está en Jesucristo

Manual, Artículo 3

Los antiguos hebreos eran nómadas. Aún cuando se asentaban en las ciudades y parecían estar estables, ellos recordaban el principio de su credo, "Mi padre fue un arameo errante…" (Deuteronomio 26:5). La palabra "espíritu" es una palabra con movimiento constante. Significa "viento", "aliento", "vida". En Génesis 2, Dios formó, del polvo de la tierra, una escultura y la llamó Adán, le dió su aliento y se convirtió en vida en busca de más vida, hambrienta por un Dios vivo. El aliento de Dios abrió la densa tierra compacta y llenó lo que ahora son pulmones, y Adán se levantó y se movió por el Espíritu de Dios.

La palabra "santo" es una palabra poderosa para esta gente, habla especialmente de la exclusividad de Dios. Aunque también se refieren a otras cosas como santas, como platos o cuchillos usados en la adoración. Estos objetos no son santos por sí mismos, eran santificados cuando Dios los usaba.

Cuando estas palabras se juntan para formar la frase "Espíritu Santo", ellas comunican el movimiento de vida que alcanza el misterio del Santo Dios y entra en un mundo diferente mostrando algo de lo que Dios es y hace. Como el Espíritu Santo es la misma vida de Dios, no sólo se levanta Adán, sino que también, de forma diferente, un profeta se levanta por la inspiración del Espíritu para proclamar la palabra del Dios soberano.

En las narrativas de los evangelios el Espíritu Santo es con y por medio de las palabras, acciones y vida de Jesús. El Espíritu descendió sobre Él en su bautismo, lo llevó al desierto en la tentación, estuvo en Él cuando echó fuera demonios, cuando entró en su tumba, en su muerte. El Espíritu lo saturó de vida santa, y así lo resucitó de la muerte. Dios permanece diferente pero nunca distante. Dios Padre envía al Hijo y al Espíritu y llama a un mundo que perece a una vida eterna misteriosa y gozosa en Él. Cuando Jesús resucita de entre los muertos, el Espíritu de Dios sopla dentro del mundo de los muertos, los reúne como lo haría un ciclón, los transforma en una iglesia y los lleva a ser parte del cuerpo de Cristo.

El Espíritu Santo es la vida de Dios entrando en un mundo que, de otra manera, estaría muerto y maldito sin Él. Imaginar este Espíritu es imaginar a aquellos a quienes el Espíritu cubrió con la misteriosa forma, verdad y vida del Ungido. Imaginar al Espíritu es imaginar las caras de las personas que ahora viven vida de liberación provista por Dios, yendo a donde Dios ya ha ido por medio de Jesús. Imaginar al Espíritu es imaginar a la iglesia.

Decimos que el Espíritu Santo es una persona, pero esto no quiere decir que el Espíritu se clasifica como uno de nosotros. El Espíritu Santo se denominó persona antes de que los seres humanos se llamaran personas. Decir que el Espíritu es una persona es simplemente decir que Él es diferente de Dios el Padre y de Dios el Hijo, pero los tres armonizan de una manera que son un sólo Dios. La perfecta unidad de Dios se expresa en el momento en que Jesús toca personas reales de carne y hueso.

Por supuesto, Jesús es una persona como nosotros. Porque no hay forma de llegar al misterio de Dios sino es por medio de Jesús, el ser humano. También debemos afirmar que el Espíritu no es una fuerza abstracta sino que es tan personal como Jesús. El Dios Padre en este sentido también es personal.

El artículo de fe sobre el Espíritu Santo tiene una larga historia. Las Santas Escrituras se mueven en medio de esa historia, pero la historia también incluye lo que la gente entiendía sobre Jesús, luchaban por entender mientras leían y escuchaban en medio de acciones de gracias y adoración. Hablando específicamente del Espíritu como una "persona", como uno de la "Trinidad", y cortando cierta parte del camino hacia la salvación, llegó lentamente a la historia de la iglesia. Sin embargo, si el artículo se enlaza con la verdad, esto es lo que debemos esperar exactamente.

El Dios de la vida no está congelado en un denso pasado. Jesús, que es la verdad, es también el camino y la vida. Debemos esperar entonces, como el pueblo de Dios que vive por su gracia, poder decir algo adecuado acerca de lo que Dios hizo y de lo que está haciendo. No nos debería sorprender que la iglesia necesitara 400 años para salir y decir que el Espíritu Santo es Dios completamente. Tampoco debe sorprendernos que cuando lo hizo, llamó al Espíritu Santo "el Señor y Dador de la vida" (El Credo de Constantinopla, 381 d.C.).

CRAIG KEEN *es profesor de Teología sistemática en la Universidad Pacífica de Azusa, California, Estados Unidos.*

ESTUDIO DE PALABRAS

Santo. De la raíz indo-europea kailo, significa "completo, sano, de buen presagio". (Interesantemente, esta es la misma raíz que usan las palabras "salud" y "entero". Ver artículo 14: Sanidad Divina). El Espíritu Santo es una de las tres personas del Dios trino en la cual mora toda la riqueza de la naturaleza divina. De la misma manera, la humanidad no está completa o entera en la imagen de Dios sin la presencia del Espíritu Santo.

CITAS DE APOYO

El templo en sí mismo es el corazón del hombre, Cristo es el sumo sacerdote, quien de la fuente envía el incienso de las oraciones, y las junta con sus propias intersecciones y las presenta al Padre; y el Espíritu Santo morando allí lo ha consagrado como templo; Dios mora en nuestros corazones por fe, y Cristo por su Espíritu, y el Espíritu por su pureza: para que seamos vitrinas de la misteriosa trinidad, y ¿no es esta falta del cielo mismo lo que la infancia es a la adultez?

Jeremy Taylor, Vida Santa

HUELLAS

La Iglesia del Nazareno se formó con la unión de varios grupos de santidad independientes entre los años 1887 y 1904. Uno de los grupos era la Iglesia del Nazareno, una iglesia independiente en Los Ángeles bajo el liderazgo de Phineas F. Bresee. El Dr. Bresee vino a ser uno de los principales fundadores de la denominación. En 1907 fue elegido como el primer superintendente general y sirvió hasta el año 1915. Dr. Bresee mantuvo un fuerte énfasis en que la santidad y el ministerio a los pobres debían ser razones primarias para la existencia de la Iglesia del Nazareno. En 1901 escribió en el Mensajero Nazareno: "El primer milagro después del bautismo del Espíritu Santo fue realizado sobre un vagabundo. Significa que el primer servicio del Espíritu Santo fue hacia los pobres; que su ministerio es para los más humildes; es asistencia para quienes más la necesitan. De la misma manera que el Espíritu estaba con Jesús para predicar las buenas nuevas a los pobres, continúa hoy con sus siervos con el mismo propósito" (Ver Lucas 4:17-21).

PARA REFLEXIONAR Y PONER EN PRÁCTICA

El artículo 3 del Manual de la Iglesia del Nazareno enlista seis aspectos de la obra y ministerio del Espíritu Santo. Para mayor comprensión, lea los pasajes bíblicos.

La tercera persona del Dios trino (Génesis 1:2). ¿Cómo ha estado trabajando el Espíritu Santo desde el principio de la creación?

Siempre presente y activamente eficiente en y con la iglesia de Cristo (Efesios 3:14-21). Esta era la oración de Pablo para la iglesia en Éfeso. ¿Qué nos dice sobre la actividad del Espíritu dentro de la iglesia? Personalmente, ¿cómo le animan estas palabras?

Convence al mundo de pecado (Juan 16:7-11). ¿Qué significa estar convencido de sus pecados?

Regenera a aquellos que se arrepienten y creen (Romanos 8:2). ¿Cómo somos libres de las cadenas del pecado?

Santifica a los creyentes (Hechos 15:8-9; 2 Tesalonicenses 2:13, 1 Pedro 1:12). ¿Cuál es la relación entre la pureza de corazón y el Espíritu Santo?

Guía a toda la verdad y hacia Jesús (Juan 14:15-18, 26; 16:13). ¿Cómo nos enseña la Biblia y nos guía hacia toda la verdad?

REFERENCIAS BÍBLICAS ADICIONALES

Juan 7:39; 16:7-15; Hechos 2:33; Romanos 8:1-27; Gálatas 3:1-14; 4:6; 1 Tesalonicenses 4:7-8; 1 Juan 3:24; 4:13.

4
Las Sagradas Escrituras

Creemos en la inspiración plenaria de las Sagradas Escrituras, por las cuales entendemos los 66 libros del Antiguo y Nuevo Testamentos, dados por inspiración divina, revelando infaliblemente la voluntad de Dios respecto a nosotros en todo lo necesario para nuestra salvación, de manera que no se debe imponer como Artículo de Fe ninguna enseñanzas que no esté en ellas.

Manual, Artículo 4

El cuarto artículo de fe, "Las Sagradas Escrituras", es parte de nuestro legado protestante. Los históricos credos de la iglesia, de los apóstoles, de Nicea y el de Atanasio no mencionan nada sobre la naturaleza de las Sagradas Escrituras. Los temas básicos de la Reforma Protestante incluían el contenido, la función de la Biblia y su autoridad para la iglesia. El desarrollo de la modernidad produjo cambios de enfoques sobre la Biblia y atrajeron sobre ella atención específica.

Nuestro artículo afirma "la plenaria inspiración de las Santas Escrituras". La palabra "plenaria" significa "completa". Con esta afirmación los nazarenos declaramos que la Biblia es completamente inspirada por Dios –no más o menos inspirada- y que los 66 libros del Antiguo y Nuevo Testamento son inspirados por Él (Manual, Artículo 4). La palabra "plenaria" también describe un término medio en debates sobre la inspiración.

En un extremo se encuentran aquellos, que creen que Dios dictó cada palabra de la Biblia a sus respectivos autores. En el otro extremo estan los que creen que la Biblia es un producto de autores humanos inspirados de la misma forma que todos los grandes autores son inspirados. "Inspiración plenaria" entiende el papel tan importante e influyente de los autores humanos pero también afirma que este proceso humano fue el medio por el cual Dios comunicó el mensaje que Él quería comunicar.

La palabra "inspiración" proviene de 2 Timoteo 3:16, la cual describe que toda la Palabra fue inspirada por Dios "y útil para enseñar, para reprender, para corregir y para instruir en justicia". La Nueva Versión Internacional traduce el griego literalmente: "Toda la Escritura es inspirada por Dios". Con la descripción de que la Biblia es inspirada por Dios afirmamos que Dios trae vida, energía, renovación y transformación a través de ella. El mismo aliento de vida de Dios está obrando en la Biblia.

Uno de los resultados de esta inspiración es que la Biblia "revela inerrablemente la voluntad de Dios en relación con todo lo necesario para nuestra salvación" (Manual, Artículo 4). Los nazarenos afirmamos que la Biblia no contiene ningún error cuando nos comunica todo lo que tenemos que saber para ser salvos. En los últimos 120 años, otros han usado la palabra "inerrante" para describir y afirmar que la Biblia no tiene errores de ningún tipo. Por muchas razones nuestro artículo de fe no hace esta declaración.

Primero, nosotros creemos que la materia y propósito de la Biblia es comunicarnos el gran mensaje del evangelio, la palabra de salvación. El propósito no es enseñar métodos, cultura, historia o ciencia. El propósito de la Biblia es llevarnos a una correcta relación con Dios y con los que nos rodean. Esto no quiere decir que la Biblia necesariamente contenga errores en la historia o en la ciencia. Al contrario, reconocemos que la ciencia e historia representan el entendimiento humano disponible en aquel tiempo. La ciencia y la historia se desarrollan y cambian por las continuas exploraciones. Invertir energía para mostrar como la Biblia "encaja" con la ciencia e historia nos puede distraer fácilmente del principal propósito de ella: Llevar a las personas a una relación correcta con Dios y con los que están a su alrededor.

Otra razón por la cual los nazarenos no han puesto toda su energía para defender la inerrancia de la Biblia es que los defensores tradicionales de la doctrina han afirmado sólo la inerrancia de los "autógrafos" de la Biblia, eso es, los escritos originales antes de que las copias fuesen hechas.

No hay autógrafos conocidos que existan hoy, y no hay perspectivas de encontrar alguno. Es mejor concentrarse en el propósito que tiene la

Biblia en vez de especular sobre lo que pudo ser verdad en los autógrafos que no tenemos.

La hermosura de nuestro artículo sobre las Santas Escrituras es que enfatiza los aspectos más importantes de la voluntad de Dios para nosotros. Algunas veces nos enredamos en la espera para conocer la voluntad de Dios en nuestras vidas en temas relativamente menores. Algunos sufren parálisis espiritual porque no están seguros de la voluntad de Dios sobre si deben cenar esta noche en casa o ir a un restaurante, o si pasar las vacaciones en las montañas o en la costa. El tema más importante en nuestras vidas es si estamos viviendo una relación de salvación con Dios por medio de Cristo. No tenemos dudas o inseguridades sobre el tema primario. ¡La Biblia no contiene errores al comunicarnos esto!

Otra forma de decir esto es "lo que sea que no esté dentro de la Biblia no debe ser parte de un artículo de fe" (Manual, Artículo 4). La Biblia contiene todo lo que necesitamos saber para nuestra salvación. No hay necesidad de creer en nada más allá de lo que requiere la Biblia. Este es otro principio protestante básico diseñado para mantener nuestra concentración en el evangelio de Cristo en vez de ideas humanas. ¡Siempre permitamos que la Biblia cumpla con su propósito de llevarnos a Jesucristo!

ROGER L. HAHN *es decano de la facultad y profesor de Nuevo Testamento en el Seminario Teológico Nazareno de Kansas City, Missouri, Estados Unidos.*

ESTUDIO DE PALABRAS

Biblia. Del griego biblo, significa "papiro, libro". Biblos era la antigua ciudad Fenicia de la cual se exportaba el papiro. El papiro es un material fino hecho de tallos aplastados y secados provenientes de una planta rojiza. La palabra "Biblia" no aparece en las Escrituras.

Canon. Del griego kanon, se refiere a la dirección y medida de una vara. La palabra "canon" proviene de la ley que era usada para determinar qué escritos podrían conformar el canon bíblico, o Escritura oficial. Los libros del Antiguo Testamento eran universalmente aceptados en la época de Cristo y fueron oficialmente ratificados por el Concilio de Jamnia en el 90 d.C. Los 27 libros del Nuevo Testamento fueron oficialmente reconocidos por Atanasio en el siglo cuarto. El Concilio de

Cartago en el año 397 d.C. confirmó estos libros y adoptaron el presente orden.

Evangelio. Del griego euangelion (también el origen de "evangelismo") y de la antigua palabra evangelio, que significa "buenas nuevas". La palabra fue usada en el Nuevo Testamento para describir el mensaje de Jesús. Los cuatro primeros libros del Nuevo Testamento fueron llamados evangelios en el siglo segundo.

Testamento. Del latín testamentum, significa "pacto". El Antiguo Testamento contiene la historia del pacto de Dios con Abraham y sus descendientes, Israel. El Nuevo Testamento contiene la historia del nuevo pacto de Dios en Jesucristo por medio de la cruz.

APUNTES BREVES

El Antiguo Testamento fue escrito en hebreo y en arameo. El Nuevo Testamento fue escrito en griego.

En el año 600 d.C. la iglesia Católica de Roma restringió la Biblia a un sólo idioma, el latín.

John Wycliffe tradujo y produjo el primer manuscrito de la Biblia en inglés en el año 1382. La Biblia fue el premier libro que se imprimió. La Biblia en latín fue impresa en el año 1454 en Mainz, Alemania, por Johannes Gutenberg, quien inventó la imprenta.

William Tyndale fue el primero en imprimir el Nuevo Testamento en inglés, en 1526.

El sistema de dividir la Biblia en versículos empezó en el año 900 d.C., mientras los judíos copiaban la Biblia a mano. Siguiendo varios sistemas antiguos, la división moderna por capítulos se añadió en el siglo XIII. Desde la Biblia en inglés de Wycliffe en 1382, se continuó con este modelo.

En el año 2000, el 59% de los norteamericanos afirmaron que leían la Biblia de vez en cuando, el 37% dijeron que leían la Biblia una vez por semana y, además, uno de cada siete, el 14%, estudiaba la Biblia. (Alec Gallup y Wendy W. Simmons, "Seis de Diez Americanos Leen la Biblia Ocasionalmente," The Gallup Organization, <www.gallup.com>, octubre 20, 2000).

CITAS DE APOYO

A la vez que nuestra sociedad se transforma en más pluralista y subjetiva, es más importante que los cristianos estudiemos y conozcamos mejor la Biblia. Haciendo esto podremos presentar inteligentemente la Biblia a una sociedad que sabe muy poco de la Palabra que esta disponible para salvar sus almas".

Michael J. Vlach, Los americanos y la Biblia

Las civilización moderna es tan compleja que hace casi imposible la vida devocional. Las múltiples distracciones nos desgastan y destruyen nuestro tiempo a solas con el Señor, donde renovamos nuestras fuerzas, antes de salir a enfrentar el mundo otra vez.

A. W. Tozer, Acerca de Dios y del hombre

Para vivir la Biblia hace falta la misma unción que fue necesaria para escribirla.

V. H. Lewis,
Superintendente general Iglesia del Nazareno, 1960-1985

REFERENCIAS BÍBLICAS ADICIONALES

Lucas 24:44-47; Juan 10:35; 1 Corintios 15:3-4; 2 Timoteo 3:15-17; 1 Pedro 1:10-12; 2 Pedro 1:20-21.

5
El Pecado, Original y Personal

Creemos que el pecado entró en el mundo por la desobediencia de nuestros primeros padres, y la muerte por el pecado. Creemos que el pecado es de dos clases: pecado original o depravación y pecado actual o personal.

Creemos que el pecado original, o depravación, es aquella corrupción de la naturaleza de toda la descendencia de Adán, razón por la cual todo ser humano está muy apartado de la justicia original, o estado de pureza, de nuestros primeros padres al tiempo de su creación, es adverso a Dios, no tiene vida espiritual, está inclinado al mal y esto de continuo. Además, creemos que el pecado original continúa existiendo en la nueva vida del regenerado, hasta [ser desarraigado] que el corazón es totalmente limpiado por el bautismo con el Espíritu Santo.

Creemos que el pecado original difiere del pecado actual, por cuanto constituye una propensión heredada al pecado actual de la que nadie es responsable, sino hasta que el remedio divinamente provisto haya sido menospreciado o rechazado.

Creemos que el pecado actual o personal es la violación voluntaria de una ley conocida de Dios, cometida por una persona moralmente responsable. Por tanto, no debe ser confundido con fallas involuntarias o inevitables, debilidades, faltas, errores, fracasos u otras desviaciones de una norma de conducta perfecta, los cuales son residuos de la caída. Sin embargo, tales efectos inocentes no incluyen actitudes o respuestas contrarias al Espíritu de Cristo, las que pueden llamarse propiamente pecados del espíritu. Creemos que el pecado personal es primordial y esencialmente una violación de la ley del amor; y que en relación con Cristo, el pecado puede definirse como incredulidad.

Manual, Artículo 5

La doctrina del pecado original, dice Juan Wesley, "es el primer gran punto de distinción entre el paganismo y el cristianismo". Después, él formula varias preguntas: ¿Estamos nosotros por naturaleza llenos de maldad? ¿Estamos vacíos de bondad? ¿Estamos caídos completamente? ¿Están nuestras almas completamente corrompidas? ¿Es cada pensamiento continuamente malo? "Permita esto", dice Wesley, "y usted es un cristiano. Niéguelo, y usted todavía es pagano" (Las Obras de Juan Wesley, 6:63).

Caídos en Adán, estamos espiritualmente muertos y moralmente corrompidos y por esto no somos capaces, por nuestro propio medio, de acercarnos a Dios y ser salvos. Sólo cuando el Espíritu de Dios nos hace ver la realidad y nos capacita, desde el primer conocimiento hasta que nos encontramos ante el juicio de Dios, somos capaces de hacer una buena obra; nuestra salvación es enteramente por su gracia (Efesios 2:8-10).

Lejos de la gracia santificadora de Dios con la que la raza humana disfrutaba al principio, nacemos "inclinados hacia nosotros mismos", decía Lutero. Tenemos una seria inclinación en el corazón. Lejos del Espíritu, estamos moralmente depravados.

El pecado es un factor racial antes que un acto individual. Caídos por la desobediencia de Adán, inevitablemente acabamos siendo pecadores. En nuestra propia persona reactuamos la caída del hombre. En algún punto en nuestro camino personal, lo llamamos época de responsabilidad moral, cada uno de nosotros escuchamos la poderosa voz de Dios dentro nuestro, "¡Ustedes están, sin excepción, interiormente depravados, desobedecen inevitablemente!" Es así que el pecado original se convierte en pecado personal.

Nuestro problema con el pecado tiene proporciones enormes. "Intenta explicarlo cómo quieras", dijo el profesor Edward Ramsdell en una clase, "pero no puedes, pues es una realidad empírica. No es tanto que necesitemos explicarlo, sino que ¡necesitamos resolverlo!" El profesor hacía eco de lo que Wesley usó como conclusión en su sermón "El pecado original": "¡Conozca su enfermedad! ¡Conozca su cura!" (Obras, 6:25). Gracias a Dios, "Un segundo Adán vino a la pelea y al rescate" (John Henry Newman).

"Conozca su enfermedad". Tiene doble sentido: Pecamos porque somos pecadores. Por eso nuestra redención también tiene doble sentido: Primero viene el perdón y después la pureza, por medio de la identificación de la muerte de Cristo al pecado. Aceptarlo a Él implica confesar lo mismo que Pablo confesó: "Con Cristo estoy juntamente crucificado, y ya no vivo, mas vive Cristo en mi." Después añadió, "Pero los que son de Cristo han crucificado la carne con sus pasiones y deseos" (Gálatas 2:19-20; 5:24 RV1960). Crucifixión y muerte son dos eventos entrelazados pero al mismo tiempo diferentes. Jesús fue crucificado en la mañana del viernes Santo pero no murió hasta después del mediodía. El apóstol dice que estamos crucificados junto con Él, "para que el cuerpo del pecado sea destruido" (Romanos 6:6 RV1960).

"Conozca la cura". Mientras la gracia de Dios nos empieza a curar, Él primero actúa perdonando nuestros pecados y nos restaura. El milagro ocurre cuando nosotros nos arrepentimos de nuestros pecados y ponemos nuestra confianza en Jesucristo. En el momento que somos justificados, somos "nacidos de arriba" por el Espíritu Santo. El milagro inicial finaliza con el reinado del pecado.

Tarde o temprano descubrimos que mientras el reinado del pecado está roto, su raíz, -autoidolatría- continúa. El amor a Dios y a otros es real, pero mezclado con el amor pecaminoso a uno mismo. Por eso el propósito de Dios es más profundo: Fuimos crucificados con Cristo para que pudiésemos morir con Él y así ser completamente restaurados (Ver Romanos 6:12-13, 19-22).

La pregunta es esta: ¿Hemos muerto realmente al pecado y a nosotros mismos? Morir es difícil, pero debemos hacerlo. "Porque el amor de Cristo nos constriñe" escribe el apóstol, "pensando esto: Que si uno murió por todos, luego todos murieron; y por todos murió, para que los que viven, ya no vivan para sí, sino para aquel que murió y resucitó por ellos" (2 Corintios 5:14-15 RV1960). ¡Nuestra necesidad es la de ser salvos de nosotros mismos! "Hemos conocido al enemigo", dijo Pogo, "y él es, nosotros mismos".

La muerte no es fácil, pero por la gracia de Dios es posible. Queremos una muerte rápida y fácil. Sin embargo, toma tiempo para que Dios revele la profundidad de nuestra necesidad y para que nosotros muramos.

El proceso no puede ser acelerado, toma tiempo para que llegue la muerte del yo. Mientras él esté revelándose, ¡ríndase! Cuando se vacíe, ¡Él lo llenará! "Fiel es el que os llama, el cual también lo hará" (1 Tesalonicenses 5:24 RV1960).

WILLIAM M. GREATHOUSE superintendente general emérito en la Iglesia del Nazareno.

ESTUDIO DE PALABRAS

Pecado. De la raíz indo-europea es, significa "ser". Comparte la raíz con otras palabras, como "esencia", "es", "soy" y "si". Fue usada para referirse a lo que es real, verdadero, y existente en la esencia del ser. Nacemos en naturaleza pecaminosa (pecado original), que nos lleva a cometer actos pecaminosos (pecado personal).

Juan Wesley definió el pecado personal como "una trasgresión voluntaria de una ley conocida de Dios" (Cartas de Juan Wesley, A.M. 5:322). Normalmente la palabra "pecado" es usada para identificar actos personales de pecado, al contrario que el griego del Nuevo Testamento que usa más de una palabra para identificar al pecado. Dos de las palabras más importantes son anomia, significa sin ley o rebelión, y hamartia, significa quedarse corto del objetivo, errores y pecados deliberados. Cuando los errores nos llevan a "actitudes o respuestas contrarias al espíritu de Cristo" (Manual, Artículo 5), amabas palabras tanto anomia como harmatia son pecados, y debemos buscar perdón en ambos casos.

CITAS DE APOYO

Cuando oramos, a menudo, no nos sentimos preocupados en realidad por el pecado, o al menos, no como nuestro lenguaje lo implicaría. No sé que nos imaginamos que estamos logrando con tal falta de realidad. No vamos a engañar al conocedor de todo ni inducirlo a creer que somos diferentes o mejor de lo que realmente somos. ¿No es más sano decir la verdad, exactamente como es, que estar abrumados por el dolor de nuestros pecados? En lugar de esto, a todos nuestros pecados añadimos este último como pecaminosidad suprema, y es que no estamos muy preocupado por ello o al menos no como deberíamos estarlo. Esté satisfecho por la pena, por el gran dolor producido por nuestros fracasos que nos llevará a un verdadero arrepentimiento, y por medio de esto, a un nuevo estilo de vida.

A. J. Gossip, En el Lugar Secreto del Altísimo.

PARA REFLEXIONAR Y PONER EN PRÁCTICA

1. La Iglesia del Nazareno es una iglesia evangélica, esto significa que creemos que cada persona puede y debe tener un encuentro personal con Jesucristo para encontrar perdón de pecados. ¿Por qué es necesario esto? (Romanos 3:23; 6:23). ¿Cuáles es el resultado del perdón de pecados? (Juan 3:16; Juan 8:34-36; Gálatas 4:4-7; Tito 3:4-7).
2. ¿Cómo describe Pablo los sufrimientos de aquel que se aleja del pecado pero que ahora esta intentando ser justo por sus propios esfuerzos cumpliendo la ley? (Romanos 7:15-24) Tal persona está "cautiva" (v.23) – intentando ser bueno pero incapaz de serlo por su propio esfuerzo.
3. Después de ser perdonados por nuestros actos pecaminosos personales, ¿cuál es la solución para nuestra naturaleza pecaminosa? (Romanos 8). ¿Qué significa vivir de acuerdo al Espíritu? (Ver artículo 10: La Entera Santificación).
4. Por medio del poder del Espíritu Santo (Hechos 1:8), nosotros podemos vivir por encima del pecado. ¿Qué dice Romanos 6 sobre el continuar en pecado? Note la declaración enfática de Pablo en los versículos 2 y 15.

REFERENCIAS BÍBLICAS ADICIONALES

Pecado original: Génesis 3; 6:5; Job 15:14; Salmo 51:5; Jeremías 17:9-10; Marcos 7:21-23; Romanos 1:18-25; 5:12-14; 7:1-8:9; 1 Corintios 3:1-4; Gálatas 5:16-25; 1 Juan 1:7-8

Pecado personal: Mateo 22:36-40 [con 1 Juan 3:4]; Juan 8:34-36; 16:8-9; Romanos 3:23; 6:15-23; 8:18-24; 14:23; 1 Juan 1:9-2:4; 3:7-10

6
La Expiación

Creemos que Jesucristo, por sus sufrimientos, por el derramamiento de su preciosa sangre, y por su muerte [meritoria] en la cruz, hizo una expiación plena por todo el pecado de la humanidad, y que esta expiación es la única base de la salvación y que es suficiente para todo individuo de la raza de Adán. La expiación es misericordiosamente eficaz para la salvación de los irresponsables y para los niños en su inocencia, pero para los que llegan a la edad de responsabilidad, es eficaz para su salvación solamente cuando se arrepienten y creen.

Manual, Artículo 6

William Tyndale, el conocido traductor de la Biblia, fue el primero en usar la palabra expiación, significa reconciliación entre dos para llegar a ser "uno". Hoy usamos esta palabra para hablar de la doctrina de la salvación por medio de la muerte de Cristo. Pero para entender esta gran doctrina, debemos recordar cinco cosas:

- La muerte de nuestro Señor Jesucristo no puede ser entendida si se la separa de su encarnación. Lo que hizo por nosotros en la cruz debe ser entendido Aa la luz de que Él es el Dios-hombre.
- La expiación es un misterio que nunca podremos entender por completo. Libros antiguos hablan sobre "teorías" de la expiación, pero en realidad no existe tal cosa. Ninguna de esas teorías pueden explicar la expiación.
- Para entender este misterio lo mejor posible, necesitamos cada modelo y metáfora en la Biblia.
- Primero la expiación fue universal, para toda la raza humana, y también se transformó en personal –"para mí"- por medio de la fe.
- La expiación es la fuente no sólo de nuestra justificación o perdón sino también es la de nuestra santificación.

Con estos puntos en mente, empezamos a hablar de Cristo.
1. Cristo es nuestro Rey victorioso. De la misma manera que nuestro Señor Dios triunfó sobre los dioses de Egipto y redimió a Israel de la esclavitud en el éxodo, Dios en Cristo triunfó sobre todas las fuerzas del mal (Colosenses 2:15). En su reinante victoria, proclamada en su resurrección, nuestro Señor Jesús reveló su verdadera deidad y autoridad sobre la muerte y el infierno.

La repercusión, como William Greathouse argumentó, es que cada cristiano redimido comparte esa victoria sobre el pecado –hoy- en adelanto a la victoria final del día postrero.
2. Cristo es nuestro sumo sacerdote. Él se transformó en humano (Hebreos 2:14-18), y sólo porque él es verdaderamente uno de nosotros nos puede representar ante Dios.

Aquí llegamos al segundo significado de la palabra "expiación": El acto del sacerdote en el Antiguo Testamento ofrendando a Dios un sacrificio por el pecado para evitar el juicio de Dios. Las mentes modernas encuentran ofensiva la idea del juicio venidero, pero ese juicio es el que nos enseña que realmente necesitamos un sacerdote y abogado.

El sacerdote del Antiguo Testamento no ofrecía alguna víctima inocente para tranquilizar a los enojados dioses, tal como harían los sacerdotes paganos. En vez de eso, Dios tomó la iniciativa proveyendo un sistema de sacrificio y asignó a los sacerdotes; y también en Cristo, el amor de Dios tomó la iniciativa. En Cristo, ¡su iniciativa es increíble! Cristo no era simplemente el sacerdote, sino que al mismo tiempo el sacrificio. ¡El Sacerdote también era el Cordero! Él se ofreció a sí mismo.

Aunque la iniciativa de Dios es más increíble aún. Fijándonos en su deidad, vemos que fue Dios encarnado el que sufrió por nosotros. Dios encarnado "Él mismo, en su cuerpo, llevó al madero nuestros pecados" (1 Pedro 2:24). Lejos de ser un castigo injusto este fue el mayor acto ético posible. La encarnación de Dios cargo sobre sí mismo las consecuencias de nuestro pecado. Lejos del perdón retorcido de un Dios enojado, esto representa el amor de Dios cortando la ira y juicio para satisfacer no sólo su propia justicia pero también su amor. Aquí vemos en Cristo una expiación corporativa por toda la raza pecaminosa de Adán, incluyendo a "los irresponsables y a los niños en su inocencia" (Manual, Articulo 6). Pero, aún hay más. La reconciliación con el Dios santo requiere la eliminación del ofensivo pecado. La cruz tuvo resultado de perdón sobre los actos pecaminosos y el pecado original. De alguna forma la crucifixión del Cordero de Dios, sin pecado, produjo la muerte de la pecaminosa humanidad adámica (Romanos 6:6-10). El Cordero-Sacerdote provee la limpieza de todo pecado en toda la humanidad de una vez por todas. Sólo así, cada creyente podrá luego morir al pecado en su interior.

3. Cristo es nuestro profeta. Él nos revela el Corazón de Dios. Los profetas del Antiguo Testamento comunicaban la palabra del Señor, pero Cristo es la Palabra del Señor, el Verbo hecho carne. Deidad y humanidad por siempre uno en la unidad de la persona del Dios-hombre.

No sólo en la enseñanza de Cristo pero también en la cruz vemos el corazón amoroso de Dios (Romanos 5:8) ¿Cuánto nos ama Dios? Lo suficiente para transformarse en uno de nosotros –un ser humano, condenado, rechazado, humillado, probado hasta lo más profundo de la agonía y degradación humana, abandonado a la muerte aun por su Dios (Marcos 15:34). Mientras vemos este gran amor, el Espíritu Santo nos inspira a responder en fe, para que podamos amar a Dios como Él nos amó. Un amor perfecto es el fruto de la expiación. Por lo tanto, de la expiación cósmica y corporativa resulta el perdón y la reconciliación personal con Dios de los que creen. En Cristo somos "uno" con Dios.

THOMAS A. NOBLE es profesor del Seminario Teológico Nazareno en Kansas City, Estados Unidos y supervisor de estudiantes con doctorado del Colegio Teológico Nazareno en Manchester, Inglaterra.

ESTUDIO DE PALABRAS

Expiación. Significa "estar reconciliado" o transformarse en "uno". Aunque los significados "estar de acuerdo" y "armonizar" están vistos como obsoletos y arcaicos, estas connotaciones tienen un significado especial para el cristiano. Por medio de la vida y muerte redentora de Jesucristo, Dios y la humanidad están reconciliados, están en acuerdo y armonía.

CITAS DE APOYO

El hombre no puede arrepentirse sin un motivo; y el motivo que hace posible el arrepentimiento evangélico no entra en su mundo hasta que ve a Dios, y Dios se da conocer en la muerte de Cristo. Todos los que se arrepintieron verdaderamente son hijos de la cruz. Su penitencia no es de su propia creación: Es la reacción hacia Dios producida en sus almas por la demostración de lo que el pecado es para Él, y por lo que su amor hace para alcanzar y ganar lo pecaminoso.

James Denney, La Expiación y la Mente Moderna

TESTIGOS DE LA FE

Cuando Hannes visitó por primera vez la Iglesia del Nazareno en Frankfurt, Alemania, todo era nuevo para él. Continúo viniendo cada semana, confesando al pastor Hans Zimmerman, "necesito más tiempo para entender".

Un domingo el Espíritu Santo tocó su corazón. A pesar de que Hannes había visto a mucha gente pasar al altar aceptando la invitación del pastor a recibir a Cristo como salvador, Hannes respondió de forma diferente. Abandonó su asiento y caminó despacio –no hacia el altar sino que hacia una pared en el costado donde había colgada una cruz. Se paró ante la cruz, su boca se movía pero no se escuchaban las palabras. Cuando el pastor se acercó para orar con él, Hannes, respondió, "gracias. Déme más tiempo. Hay tanto que tengo que arreglar".

El Espíritu Santo habló a Hannes, lo acercó a la cruz. En el santuario, la representación de la muerte de Cristo se transformó en el lugar donde Hannes encontró perdón y se convirtió en "uno" con Dios.

PARA REFLEXIONAR Y PONER EN PRÁCTICA

1. Las profecías del Antiguo Testamento en relación con el Mesías indicaban que Él moriría en una muerte voluntaria representando un

sacrificio por todos. Leer Isaías 53:1-12. Haga una lista de las características del sufrimiento del Mesías encontradas en estos versículos.
2. El Nuevo Testamento habla sobre las profecías consumadas del Antiguo Testamento en Cristo Jesús como autor de la expiación al morir en la cruz. Lea las palabras de Cristo en Mateo 20:28 y Juan 10:7-18 y las palabras de Pedro sobre Él en 1 Pedro 2:23-25. ¿Cómo se asocian estos versículos directamente con la profecía de Isaías?

REFERENCIAS BÍBLICAS ADICIONALES

Marcos 10:45; Lucas 24:46-48; Juan 1:29; 3:14-17; Hechos 4:10-12; Romanos 3:21-26; 4:17-25; 5:6-21; 1 Corintios 6:20; 2 Corintios 5:14-21; Gálatas 1:3-4; 3:13-14; Colosenses 1:19-23; 1 Timoteo 2:3-6; Tito 2:11-14; Hebreos 2:9; 9:11-14; 13:12; 1 Pedro 1:18-21; 2:19-25; 1 Juan 2:1-2.

7
La Gracia Preveniente

Creemos que la creación de la raza humana a la imagen de Dios, incluyó la capacidad de escoger entre el bien y el mal y que, por tanto, los seres humanos fueron hechos moralmente responsables; que por medio de la caída de Adán llegaron a ser depravados, de tal modo que ahora no pueden, por sus propias fuerzas naturales y obras, tornar y prepararse para la fe y para invocar a Dios. Pero también creemos que la gracia de Dios, por medio de Jesucristo, se concede gratuitamente a todas las personas, capacitando, a todos los que quieran, para tornar del pecado a la justicia, para creer en Jesucristo y recibir perdón y limpieza del pecado, y para seguir las buenas obras agradables y aceptas a la vista de Él.

Creemos que toda persona, aunque posea la experiencia de la regeneración y de la entera santificación, puede caer de la gracia y apostatar y, a menos que se arrepienta de sus pecados, se perderá eternamente y sin esperanza.

Manual, Artículo 7

Volodymyr ("Vova") Masyuk pastorea la Iglesia del Nazareno en Kiev, Ucrania. Nada en su niñez sugería que prestara atención a un llamado al ministerio pastoral. Cuando Vova tenía 10 años, su padre, miembro del Partido Comunista Ucraniano, le dio Un Libro Para El Joven Ateo. Aunque parecía que el complacería todos los deseos y las esperanzas de su padre aceptando las ideas del comunismo y ateísmo, Vova siguió los delicados movimientos de la gracia de Dios que lo llevarían a la salvación.

Antes de que Vova empezara la escuela primaria, un compañero le compartió sobre su experiencia en el bautismo cristiano. Vova le dijo al niño que había sido engañado por un mito. A los 13 años, Vova y algunos amigos estaban molestando a una mujer ortodoxa mientras salía de la iglesia. De pronto, ella hizo tambalear las creencias ateas de Vova advirtiéndole, "Dios puede hacer llover piedras sobre tu cabeza". ¿Puede

Dios hacer esto? Vova se preguntó. Después, en una actitud de rebelión, comenzó a escuchar música rock. Mientras escuchaba Jesucristo Superstar, pensó, ¿Cómo puede Jesús llamar la atención de tanta gente joven en Norteamérica? Por aquel entonces, alguien le dio a Vova un libro sobre la vida de Jesús. Trató de hablar sobre esta "leyenda" con un amigo, cuya respuesta le sacudió: "Vova, esas historias son verdaderas".

Cuando Mikhail Gorbachev fue secretario general del Partido Comunista (1985-1991), se abrió una ventana para el evangelismo cristiano. Por curiosidad, Vova fue a escuchar a un evangelista episcopal. Durante el sermón, el Espíritu Santo llamó a Vova al arrepentimiento y a la confeción de fe en Jesucristo.

La historia de Vova ilustra lo que la Iglesia del Nazareno quiere decir cuando habla de la gracia preveniente. Aunque no es única a la tradición wesleyana, es esencial para nuestro entendimiento de Dios, de su gracia y salvación.

Primero, la expiación de pecados que Jesús hizo en la cruz fue hecha para todas las personas. No queriendo que ninguno perezca, sino que todos procedan al arrepentimiento (Juan 3:16; 2 Pedro 3:9).

Segundo, como el mediador encarnado entre Dios y la humanidad, Cristo es el autor de la gracia (Romanos 1:5; 3:24). Los actos creativos y de redención ocurren bajo la voluntad del Padre, por medio del Hijo, y por la actividad del Espíritu Santo

Cada vez que decimos que Dios está lleno de gracia, debemos añadir "por la mediación de su Hijo". El Nuevo Testamento nos dice que el Padre crea y redime por medio de su Hijo (1 Corintios 1:30; Colosenses 1:16; Hebreos 1:2). Él es y siempre ha sido el único mediador entre Dios y la humanidad (Juan 8:56-58; 1 Corintios 10:1-5; 1 Pedro 1:10-12). El Antiguo Testamento anticipa la salvación en Cristo. Él firmó su calidad redentora. Por lo tanto, decimos que toda gracia es de Cristo.

Tercero, toda gracia tiene como meta la conversión y la santificación. Donde sea que Dios alcance a la humanidad, Él está buscando la reconciliación. Toda gracia es obra de Cristo, cuyo propósito en el calvario era reconciliar a todas las personas con Dios.

Cuarto, ninguna persona es un extraño para la gracia de Dios. Mucho antes de ser concientes de la actividad de Dios en nuestras vidas y de escuchar la proclamación del evangelio, Cristo, por medio del Espíritu Santo, está activo. Él trabaja para llevar a todas las personas al punto de conversión y crea las condiciones para que esto ocurra. El mensajero humano que declara el evangelio no habla desde un vacío religioso sino que habla desde donde el Espíritu ha preparado el camino.

El Espíritu de Dios despierta nuestra más elemental sensibilidad religiosa, haciéndonos concientes a la realidad de Dios. Si Dios nos dejara solos en nuestros pecados, nosotros ni pensaríamos en Él. El Espíritu comienza a presionar la reivindicación de Dios en nosotros. Lejos de ser natural, la conciencia proviene de la actividad del Espíritu. Nuestra capacidad para conocer el bien y el mal y nuestro sentido de responsabilidad moral es esencial para nuestra humanidad y provienen del Espíritu. Las órdenes específicas de la conciencia proceden de varias fuentes y necesitan la corrección del Espíritu Santo. Él restaura la libertad de la voluntad, liberándola para Dios. Si no fuese así, nuestra voluntad permanecería atada al pecado. En su obra previniente, el Espíritu quita la culpa asociada con el pecado original de manera que ninguna persona sea culpable por el pecado de Adán. En resumen, fuera de los esfuerzos de un Dios lleno de gracia para redimir al "hombre natural" la gracia es una simple abstracción.

Dios obra de formas asombrosas para llevar a personas hacia la salvación. Podemos estar confiados en Él y transformarnos en instrumentos de su gracia. Porque la gracia es obra de un Dios soberano, ninguno debería limitar a las personas a que respondan antes de ser transformadas por un encuentro con Cristo. La iglesia juega un papel importante en los movimientos de gracia. La iglesia debe orar para que sus ministerios sirvan a Dios cultivando su gracia previniente.

AL TRUESDALE es profesor emérito de filosofía y ética cristiana en el Seminario Teológico Nazareno, en Kansas City, Estados Unidos.

ESTUDIO DE PALABRAS

Previniente. Significa "por venir", previniente pertenece a la familia de palabras relacionadas con "venida", incluyendo "llegada", "avenida", "convención" y "convenio". Previniente proviene de un prefijo que significa "viene antes". La gracia preveniente de Dios es una actividad llena de gracia que actúa en nuestras vidas antes de escuchar el evangelio proclamado.

Gracia. Significa "favorecer", gracia es, misericordia, clemencia, favor entregado a alguien. La palabra griega en el Nuevo Testamento para gracia es charis, relacionada con la palabra charisma, que significa "regalo". La gracia de Dios es un regalo inmerecido para la humanidad. Se parece a su palabra hermana "gratis", la gracia de Dios es gratis.

TESTIGOS DE LA FE

En los montañosos alrededores de la República de Sudáfrica se encuentra el reino de Lesoto. Algunas veces llamado la Suiza de Sudáfrica por sus hermosos paisajes. Lesoto es un país pobre con muy poca industria. La mayoría de las personas en Lesoto son de raza negra, las mujeres son las responsables del trabajo pesado en los campos y en las casas. Grupos de gente que nunca escucharon el evangelio, viven en áreas remotas, inaccesibles sin la ayuda de caballos o aviones pequeños. El misionero nazareno Dale Stotler alcanzó a llegar a estos lugares. Después de su predicación, muchos se arrepintieron y creyeron. A pesar de que estas personas habían escuchado de Cristo por primera vez, una de ellas dijo a Stotler: "Soñé con un hombre que vendría a hablar de otro hombre llamado Jesús. Tu eres el mensajero". La gracia preveniente de Dios va adelante de nosotros en formas que no podemos entender, sus misterios alcanzan todas las culturas. Su gracia esasombrosa.

CITAS DE APOYO

Justicia y juicio están en su trono
Sin embargo su gracia es asombrosa;
La verdad y misericordia juntas en una,
Nos invitan cerca de su rostro.

Isaac Watts

La gracia es el hecho incomprensible que demuestra la satisfacción de Dios con el hombre y el hombre puede regocijarse en Dios. Sólo cuando la gracia es reconocida como incomprensible es gracia... La gracia es el regalo de Cristo que expone el abismo que separa a Dios del hombre, y al exponerlo, también los une.

Kart Barth, La Epístola a los Romanos

PARA REFLEXIONAR Y PONER EN PRÁCTICA

1. ¿Cómo el ser hecho a semejanza de Dios nos hace moralmente responsables al elegir entre lo bueno y lo malo? Leer Génesis 1:26-27; 2:16-17. ¿Cómo interviene la libre voluntad y la gracia en el plan de redención de Dios? Leer Josué 24:14-18.
2. Jesús dijo: "Nadie puede venir a mí, si no lo trae el Padre que me envió..." (Juan 6:44). ¿Cómo están activos el Padre, Hijo y Espíritu Santo en la gracia preveniente? Leer Juan 16:13; Romanos 5:6-11; 1 Corintios 2:9-10; Hebreos 9:14.
3. ¿De que forma sintió que Dios se le acercaba antes de que conociera a Cristo como salvador? ¿Cómo puede la iglesia ser un canal por el cual la gracia preveniente de Dios pueda fluir?

REFERENCIAS BÍBLICAS ADICIONALES

Semejanza divina y responsabilidad moral: Génesis 1:26-27; 2:16-17; Deuteronomio 28:1-2; 30:19; Josué 24:15; Salmo 8:3-5; Isaías 1:8-10; Jeremías 31:29-30; Ezequiel 18:1-4; Miqueas 6:8; Romanos 1:19-20; 2:1-16; 14:7-12; Gálatas 6:7-8.

Incapacidad natural: Job 14:4; 15:14; Salmos 14:1-4; 51:5; Juan 3:6a; Romanos 3:10-12; 5:12-14, 20a; 7:14-25.

Don de gracia y obras de fe: Ezequiel 18:25-26; Juan 1:12-13; 3:6b; Hechos 5:31; Romanos 5:6-8, 18; 6:15-16, 23; 10:6-8; 11:22; 1 Corintios 2:9-14; 10:1-12; 2 Corintios 5:18-19; Gálatas 5:6; Efesios 2:8-10; Filipenses 2:12-13; Colosenses 1:21-23; 2 Timoteo 4:10a; Tito 2:11-14; Hebreos 2:1-3; 3:12-15; 6:4-6; 10:26-31; Santiago 2:18-22; 2 Pedro 1:10-11; 2:20-22.

8
El Arrepentimiento

Creemos que el arrepentimiento, que es un cambio sincero y completo de la mente respecto al pecado, con el reconocimiento de culpa personal y la separación voluntaria del pecado, se exige de todos los que por acción o propósito, han llegado a ser pecadores contra Dios. El Espíritu de Dios da a todos los que quieran arrepentirse la ayuda benigna de la contrición de corazón y la esperanza de misericordia, para que puedan creer a fin de recibir perdón y vida espiritual.

Manual, Artículo 8

En la Biblia, arrepentirse mayormente quiere decir "cambiar de dirección". La implicación es que una persona que se arrepiente, se aparta de una vida de pecado e idolatría a una vida llena de gracia, amor y búsqueda de la voluntad de Dios.

Los profetas de Israel predicaban al pueblo el llamado de Dios a arrepentirse de su desobediencia e idolatría y volverse con un corazón humilde y agradecido al Dios que pactó con ellos en el monte Sinaí (Éxodo 20). David impregnó su gran cántico de arrepentimiento con un profundo remordimiento por su relación adúltera con Betsabé. "Conforme a tu inmensa bondad, borra mis transgresiones", lamentó David. "Lávame de toda mi maldad y límpiame de mi pecado" (Salmo 51:1b-2).

Dado a la importancia de la necesidad de arrepentimiento que tenía Israel por medio de los escritos de los profetas hebreos, no nos sorprende que el arrepentimiento fuera el tema central de la predicación de Juan el Bautista. Para Marcos, Juan proclamó "el bautismo de arrepentimiento para el perdón de pecados" (Marco 1:4). Mateo ofreció un resumen idéntico de las predicaciones de Juan y Jesús: "Arrepiéntanse, porque el reino de los cielos está cerca" (Mateo 3:2; 4:17).

El hecho de que Juan el Bautista y Jesús el nazareno hablasen de arrepentimiento junto con la venida del reino de Dios es muy significativo. Esta conexión nos ayuda a entender la naturaleza única de la enseñanza del arrepentimiento en el Nuevo Testamento. Los seres humanos están llamados a cambiar de dirección, reorientar sus corazones y vidas, vivir de una manera radicalmente nueva a la luz del reino de Jesús presentado al mundo.

Mateo testificó sobre esta maravillosa ilustración del llamado. Algunos fariseos acusaron a Jesús de realizar actos poderosos por medio del poder de "Beelzebú, príncipe de los demonios" (Mateo 12:24). Jesús respondió, "En cambio, si expulso a los demonios por medio del Espíritu de Dios, eso significa que el reino de Dios ha llegado a ustedes" (v.28). En otras palabras, el ministerio de predicación, enseñanza, sanidad y liberación de Jesús fue una demostración de la presencia y poder del Espíritu de Dios. En la propia persona y obra de Jesús el reino de Dios invade y empieza a redimir nuestro mundo caído.

En la presencia de Jesús, en el poder transformador del Espíritu, estamos siendo enseñados a cambiar nuestro egoísmo por la venida de su reino. ¡El reino venidero de Dios siempre demanda cambios!

También debemos darnos cuenta de que Jesús avisó a sus acusadores "El que hable contra el Espíritu Santo no tendrá perdón ni en este mundo ni en el venidero" (Mateo 12:32). Dándole mérito al príncipe de la oscuridad por lo que Jesús había hecho exorcizando y sanando, los fariseos estaban en serio peligro de blasfemar contra el Espíritu Santo, el cual estaba obrando poderosamente a través de nuestro Señor. El artículo del manual que habla sobre el arrepentimiento declara que "el Espíritu de Dios da a todos los que quieran arrepentirse la ayuda benigna de la contrición de corazón y esperanza de misericordia", pero nosotros vemos en esta historia del evangelio un ejemplo de cómo esta ayuda de gracia puede perderse. Aquellos que se oponían a Jesús estaban, a la misma vez, resistiendo la presencia y poder del Espíritu de Dios, refiriéndose a Él, de cierta forma, como algo maligno. Si uno persiste en llamar a lo bueno malo o lo malo bueno (como en Génesis 3:6), el corazón puede llegar a endurecerse tanto que el deseo de arrepentirse se desvanece. Aquellos que constantemente resisten al Espíritu se roban a sí mismos el amor misericordioso de Dios tanto en el tiempo presente como en la era venidera.

El Nuevo Testamento, nos enseña que la venida de Jesús al mundo trajo una nueva situación en la cual todos los seres humanos están llamados a cambiar de dirección. Antes de la venida de Jesús, Dios "Pues bien, Dios pasó por alto aquellos tiempos de tal ignorancia, pero ahora manda a todos, en todas partes, que se arrepientan" (Hechos 17:30). Nos es requerido que nos arrepintamos, cambiando de dirección, porque la venida del reino de Dios al mundo por medio de Jesucristo demanda fidelidad.

Pablo se gozaba con los Tesalonicenses de cómo "se convirtieron a Dios dejando los ídolos para servir al Dios vivo y verdadero" (1 Tesalonicenses 1:9). Arrepentimiento no significa simplemente sentir tristeza por los pecados que cometimos, implica un cambio real, un cambio radical de sentido a nuestras vidas. Por lo tanto, no debe sorprendernos, que Juan dijera a su audiencia, "Produzcan frutos que demuestren arrepentimiento" (Lucas 3:8), y que Jesús le dijera a la mujer adúltera, "Ahora vete, y no vuelvas a pecar" (Juan 8:11).

Finalmente, es importante entender que a pesar de que el arrepentimiento es un acto humano, es imposible llevarlo a cabo por nosotros mismos. Aún en nuestra "voluntaria separación del pecado" (Manual, Artículo 8), necesitamos la ayuda divina. Aunque Dios no puede –o por lo menos no quiere- forzarnos al arrepentimiento, en su benevolencia Él nos dirige al arrepentimiento (Romanos 2:4), Él mismo es el que nos ofrece arrepentimiento (Hechos 5:31). Consecuentemente, creyendo que "el Espíritu de Dios da a todos los que quieran arrepentirse la ayuda benigna de la contrición de corazón y la esperanza de misericordia" (Manual, Artículo 8), tenemos la confianza de que aún cuando estamos cambiando de dirección, Dios ya nos está capacitando para hacerlo por medio del poder del Espíritu Santo.

MICHAEL E. LODAHL *es profesor de teología en la Universidad Nazarena de Point Loma, en San Diego, Estados Unidos.*

ESTUDIO DE PALABRAS

Arrepentimiento. Del latín paenite, significa "estar descontento". Muchos entienden arrepentimiento como una tristeza piadosa por el pecado. Sin embargo, la definición es mucho más amplia. La palabra griega usada en el Nuevo Testamento para "arrepentimiento" es metanoia, cuyo significado incluye, cambio de mentalidad, un cambio completo de sentido. Arrepentirse es sentir tal lamento por la conducta del pasado que uno cambia su forma de pensar y comportarse. La raíz indo-europea pent significa "paso". El verdadero arrepentimiento, no sólo es lamentarse, sino también alejarse del pecado, cambiar de dirección e ir paso a paso por un nuevo camino.

Testigos de la fe

Janis festejó su 21 cumpleaños con mucha emoción. El alcohol era legal, aunque ella había empezado a beber siendo adolescente. "Añada eso a mi lenguaje vulgar", dice Janis ahora, "Mi vida estaba hundida en problemas". Las constantes oraciones de salvación de su madre eran consideradas como una amenaza a los placeres que Janis experimentaba. Las palabras que Janis usaba contra su madre cortaban como cuchillos. Pero después de casarse, Dios le mostró su vida pecaminosa. "Durante cuatro largas horas Dios me recordó todos los pecados que había cometido, y en el medio de la batalla, yo me arrepentí". La salvación del Señor la llevó a muchas lágrimas, lágrimas que buscaban el perdón de la madre, el de su marido y el de sus hijos. Ella se alejó de sus pecados y encontró que Dios le permitió usar su personalidad en nuevas formas. Después de 55 años viviendo para Cristo, ella dice, "mi osada personalidad continúa siendo la misma hoy en día, pero dándole honor a Dios". Según Janis, el cambio de una vidad de pecado sigue siendo una emoción a los 80 años de edad.

Citas de apoyo

Cada observación sobre el arrepentimiento lo hace deseable, necesario, una manera adecuada de honrrar a Dios, lo que busco sobre todas las cosas. El tierno corazón, el espíritu contrito y humillado, están para mí muy por encima de todas las alegrías que me podría esperar siempre en este valle de lágrimas. Deseo estar en el lugar que me corresponde, mi mano en mi boca, y mi boca en el polvo... siento que este es un lugar seguro. Aquí no me puedo equivocar... Estoy seguro de todo lo que Dios despresia... Él no despresia un corazón contrito y humillado.

Charles Simeon

PARA REFLEXIONAR Y PONER EN PRÁCTICA

Tanto Saúl como David fueron elegidos por Dios como reyes de Israel. Ambos desobedecieron a Dios. (Saúl: 1 Samuel 15:1-9; David: 2 Samuel 11). Ambos fueron confrontados con sus pecados (Saúl: 1 Samuel 15:10-23; David: 2 Samuel 12:1-12). Aquí es donde terminan sus similitudes.

1. ¿En qué se diferencian las respuestas al pecado de Saúl y David? (1 Samuel 15:24-30; 2 Samuel 12:13; Salmo 51).
2. Examine de nuevo la definición de arrepentimiento y después las respuestas de Saúl y David ¿Cuál es la diferencia entre lamento por el pecado y un arrepentimiento completo? ¿Cuál era la principal motivación de Saúl para pedir perdón? (1 Samuel 15:30) ¿Cuál era la motivación de David? (Salmo 51).
3. ¿Cómo afectaron sus respuestas a sus reinados, sus vidas, y a la nación de Israel? (Saúl: 1 Samuel 15:10-11,23,35; 31:1-13; David: 2 Samuel 22:21-25,51; 23:3-5).
4. La Biblia sugiere que el verdadero arrepentimiento afectará varios aspectos de nuestra vida:

- Nuestra forma de pensar: Isaías 55:6-7; Romanos 8:5-9; 12:1-2.
- Nuestros placeres: Efesios 5.8-10.
- Nuestros apetitos: 1 Pedro 2:2.
- Nuestras metas: Mateo 6:32-33; Colosenses 3:1-2.
- Nuestros deseos: Romanos 13:14; Gálatas 5:16; 1 Juan 2:15-17.
- Los objetos en nuestros ojos: Salmo 101:3; Mateo 5:28-29; Hebreos 12:2.

REFERENCIAS BÍBLICAS ADICIONALES

2 Crónicas 7:14; Salmos 32:5-6; 51:1-17; Isaías 55:6-7; Jeremías 3:12-14; Ezequiel 18:30-32; 33:14-16; Marcos 1:14-15; Lucas 3:1-14; 13:1-5; 18:9-14; Hechos 2:38; 3:19; 5:31; 17:30-31; 26:16-18; Romanos 2:4; 2 Corintios 7:8-11; 1 Tesalonicenses 1:9; 2 Pedro 3:9.

9
La Justificación, la Regeneración y la Adopción

Creemos que la justificación es aquel acto benigno y judicial de Dios, por el cual Él concede pleno perdón de toda culpa, la remisión completa de la pena por los pecados cometidos y la aceptación como justos de los que creen en Jesucristo y lo reciben como Salvador y Señor.

Creemos que la regeneración, o nuevo nacimiento, es aquella obra misericordiosa de Dios, por la cual la naturaleza moral del creyente arrepentido es vivificada espiritualmente y recibe una vida distintivamente espiritual, capaz de experimentar fe, amor y obediencia.

Creemos que la adopción es aquel acto benigno de Dios, por el cual el creyente justificado y regenerado se constituye en hijo de Dios.

Creemos que la justificación, la regeneración y la adopción son simultáneas en la experiencia de los que buscan a Dios y se obtienen por el requisito de la fe, precedida por el arrepentimiento; y que el Espíritu Santo da testimonio de esta obra y estado de gracia.

Manual, Artículo 9

Los tres términos del título del noveno artículo de fe describen algunos de los beneficios disponibles de nuestra correcta relación con Dios. Estos beneficios existen porque Dios actúa primero, Él los ofrece. Somos justificados, regenerados y adoptados cuando cooperamos respondiendo apropiadamente a Dios.

Justificación, regeneración y adopción no son tres estados diferentes que experimentamos en orden cronológico. En realidad, los tres se interconectan y entrelazan. Juntos expresan ideas importantes de nuestra continua relación con Dios.

Empecemos con adopción. Tener padres sabios y amorosos es un privilegio que muchos de nosotros disfrutamos. Pero aún los padres más sabios y amorosos no cuidan a sus hijos perfectamente. De hecho, padres humanos perfectos no existen.

Aceptar la adopción de Dios, sin embargo, implica entrar a una relación de padre-hijo diferente. En Dios encontramos el perfecto amor y sabiduría de un Padre perfecto.

Este Padre no sólo actúa con perfección sino que también invita a todo aquel que quiera formar parte de la familia de la fe. Unirse a esta familia implica convertirse en coherederos con nuestro Hermano y Salvador, Jesús, y con todos aquellos que acepten su adopción.

El proceso de adopción de hoy en día es diferente al proceso que se llevaba a cabo en el contexto de los autores y oyentes bíblicos. Hoy adoptamos bebes o niños muy jóvenes. Por su edad, los pequeños no tienen mucho que decir en el proceso.

Por el contrario, en los tiempos antiguo pensaban que la adopción era un acto donde se ofrecían niños mayores, adolescentes y jóvenes adultos para beneficiar con su asistencia a otras familias. Todos lo ofrecidos en adopción podían ser aceptados o rechazados. Los que aceptaban tomaban un nuevo nombre. También debían terminar con otras asociaciones familiares.

Estas dos costumbres de adopción apuntan a un aspecto importante de la teología de la Iglesia del Nazareno. No pensamos en la adopción como el Dios que fuerza condiciones sobre nosotros en contra de nuestra voluntad. Nuestra adopción no es obligada. Pensamos que Dios se ofrece a adoptarnos. Esta oferta espera nuestra libre respuesta.

Cuando aceptamos la adopción, diríamos algo como lo que Juan dijo, "¡Fíjense qué gran amor nos ha dado el Padre, que se nos llame hijos de Dios! ¡Y lo somos!" (1 Juan 3:1).

La idea de la adopción nos lleva naturalmente a la idea de que los cristianos empiezan una nueva vida y toman una nueva identidad. Quizá la mejor palabra para este cambio es "regeneración".

Si alguna vez aspiró a empezar una nueva vida, usted quiso ser regenerado. Cuando aceptamos nuestra adopción y deseamos vivir como hijos de Dios, nos adentramos en una aventura de transformación para toda la vida, o como dice el apóstol Pablo, es una nueva creación (2 Corintios 5:17).

Algunas veces la gente comenta que la regeneración ocurre al principio de la vida de fe. Algunos piensan en el "ser nacidos de nuevo" como algo que ocurre una vez, alguna vez en el pasado.

La teología que uniforma la Iglesia del Nazareno, considera que la regeneración es un acto constante. A pesar de que en alguna forma sea instantáneamente nueva, cuando empezamos nuestra aventura en la fe, Dios continuamente ofrece nuevas formas de experimentar la vida abundante de la regeneración.

Podemos pensar de la regeneración como una herida que está siendo curada después de un accidente. De la misma manera en que las células, piel y otras partes de nuestro cuerpo se regeneran mientras son curadas, la vida cristiana también se regenera y se recupera de los hábitos y heridas del pecado. Este es un proceso continuo.

La regeneración cristiana afecta varios aspectos de la vida. Uno de los cambios más distintivos se produce en nuestros juicios morales. Porque Dios aviva nuestro sentido de lo que es bueno y de lo que es malo, desarrollamos un claro sentido de como vivir al máximo.

Por supuesto, al decir que tenemos avivado el sentido de lo bueno y lo malo, no quiere decir que siempre sepamos con absoluta seguridad qué acciones son justas y cuales no. A pesar de estas diferencias, podemos estar confiados en que Dios aviva nuestro sentido moral para que podamos discernir los caminos de la virtud. Vivir dentro de la familia de la fe nos ayuda a perfeccionar estas habilidades de discernimiento.

El primer término listado en el noveno artículo de fe es justificación. Históricamente los cristianos han entendido la justificación en términos legales.

Legalmente, la justificación representa el perdón de Dios y la liberación del castigo. Dios no nos estima culpables y tampoco nos castiga por los pecados cometidos. Sin embargo, podemos continuar tratando con algunas consecuencias negativas del pecado.

La adopción demanda testigos oficiales. Y el milagro de la cura regenerativa tiene un mayor peso cuando otros –especialmente médicos- la reconocen oficialmente. La connotación legal de la justificación nos recuerda que nuestra adopción y regeneración son legítimas. El Espíritu mismo "le asegura" o "da testimonio" (RVR60) que somos hijos de Dios (Romanos 8:16). ¡Esto merece ser celebrado!

THOMAS JAY OORD *es profesor de teología y filosofía en la Universidad Nazarena del Nordeste, en Nampa, Idaho, Estados Unidos.*

ESTUDIO DE PALABRAS

- *Justificación.* De la raíz indo-europea yewes, significa "ley". La raíz de muchas palabras legales, como "juez", "jurisdicción", "perjurar" y "justo". La justificación es el acto de proveer lo que es justo y correcto y absolver la culpa. Una justicia, Dios nos justifica, por la gracia nos libera de la culpa del pecado deliberado en la ley.
- *Regeneración.* De la raíz indo-europea gene, significa "dar a luz", la fuente para "generación", "género" e "indígena". Con el prefijo "re" regeneración significa "nacer de nuevo", un renacimiento espiritual.
- *Adopción.* Del latín adopta, significa "elegir". Adoptar es tomar a alguien o algo dentro de una familia en términos legales. Dios nos ha elegido para que seamos sus hijos.

CITAS DE APOYO

La paz llega cuando no hay obstáculos entre nosotros y Dios. La paz es la consecuencia del perdón, la eliminación de aquello que nos alejaba y rompía nuestra unión con Él. La agradable secuencia que resulta en nuestra comunión con Dios es penitencia, perdón y paz – lo primero lo ofrecemos, lo segundo lo aceptamos y lo tercero lo heredamos.

Charles H. Brent.

TESTIGOS DE LA FE

En 1999 Michael no tenía esperanza. Después de una vida llena de enfermedad emocional pensaba en el suicidio; fue a un hospital y después estuvo en rehabilitación. Después de ser dado de alta pensó que tenía una vida buena, llegando a ser incluso consejero para otros. Pero muy dentro suyo, sabía que algo faltaba, y pronto se encontró nuevamente en rehabilitación. Tenía que haber una mejor manera que los medicamentos para vivir una vida manejable como le dijo su médico.

Él necesitaba una ayuda mayor. Su búsqueda lo llevó a la Iglesia del Nazareno. El pastor animó a Michael a que no se fijase en sus problemas o dolores sino que mirase a Cristo, quien murió por nuestros pecados y cargó nuestro dolor. Juntos oraron la oración del pecador, y Michael se transformó en una nueva criatura en Cristo. Como hijo de Dios, empezó un nuevo futuro que incluye relaciones restauradas con su familia terrenal. Hoy Michael lidera dos clases de discipulado en un esfuerzo por mostrar a otros el camino a una nueva vida por medio de Jesucristo.

PARA REFLEXIONAR Y PONER EN PRÁCTICA
1. En Juan 3:3-21 Jesús le explica la regeneración a Nicodemo. ¿Cuál es la diferencia entre nacer de nuevo en la carne y nacer de nuevo en el Espíritu (v.6)? ¿De quién proviene esta nueva vida del Espíritu (v.6)? Jesús usa varias palabras "legales" en los versículos 10 al 21, incluyendo "testificar", "testimonio", y "veredicto". Considerando las palabras de estudio para este capítulo, ¿cómo ayudó el lenguaje de Jesús para que este hombre de leyes entendiera la justificación y regeneración?
2. En Juan 5:24, Jesús conecta la justificación con la regeneración. ¿Qué palabras se aplican específicamente a la justificación y cuales a la regeneración?
3. Lea Romanos 8:13-17. ¿Qué significa vivir en el "espíritu de adopción" (v.15)?
4. Romanos 3:21-26 enlaza las doctrinas del artículo 5: Pecado, original y personal (v.23); Artículo 6: Expiación (vv.24-25); Artículo 7: Gracia preveniente (v.24); y el artículo 9: Justificación, regeneración y adopción (vv.24-26). Mientras lee, marque estas palabras: "Justicia" y "justificado". Viendo Romanos 3 y 4, ¿cuál es la condición por la que se obtiene la justificación (Romanos 3:28)?

REFERENCIAS BÍBLICAS ADICIONALES
Lucas 18:14; Juan 1:12-13; 3:3-8; 5:24; Hechos 13:39; Romanos 1:17; 3:21-26, 28; 4:5-9,17-25; 5:1,16-19; 6:4; 7:6; 8:1,15-17; 1 Corintios 1:30; 6:11; 2 Corintios 5:17-21; Gálatas 2:16-21; 3:1-14,26; 4:4-7; Efesios 1:6-7; 2:1,4-5; Filipenses 3:3-9; Colosenses 2:13; Tito 3:4-7; 1 Pedro 1:23; 1 Juan 1:9; 3:1-2,9; 4:7; 5:1,9-13,18.

10
La Entera Santificación

Creemos que la entera santificación es aquel acto de Dios, subsecuente a la regeneración, por el cual los creyentes son hechos libres del pecado original, o depravación, y son llevados a un estado de entera devoción a Dios y a la santa obediencia de amor hecho perfecto.

Es efectuada por el bautismo con el Espíritu Santo y encierra en una sola experiencia la limpieza del corazón de pecado, y la presencia permanente del Espíritu Santo, dando al creyente el poder necesario para la vida y servicio.

La entera santificación es provista por la sangre de Jesús, es efectuada instantáneamente por fe, y es precedida por la entera consagración; y el Espíritu Santo da testimonio de esta obra y estado de gracia.

Esta experiencia se conoce también con varios nombres que representan sus diferentes fases, tales como "perfección cristiana", "amor perfecto", "pureza de corazón", "bautismo con el Espíritu Santo", "plenitud de la bendición" y "santidad cristiana".

Creemos que hay una distinción clara entre el corazón puro y el carácter maduro. El primero se obtiene instantáneamente como resultado de la entera santificación; el segundo es resultado del crecimiento en la gracia.

Creemos que la gracia de la entera santificación incluye el impulso para crecer en la gracia. Sin embargo, este impulso se debe cultivar conscientemente, y se debe dar atención cuidadosa a los requisitos y procesos del desarrollo espiritual y mejoramiento de carácter y personalidad en semejanza a Cristo. Sin ese esfuerzo con tal propósito, el testimonio de uno puede debilitarse, y la gracia puede entorpecerse y finalmente perderse.

Manual, Artículo 10

ARTÍCULOS DE FE

Convertirse a Cristo significa andar en el camino que nos dirige hacia la plenitud una moralidad y espiritualidad– en otras palabras, una vida de santidad. Es posible, como parte de este proceso, señalar un momento distintivo, este se produce cuando el creyente es limpiado del pecado original y empieza a vivir en una completa devoción a Dios. Este momento de "crisis", identificable en el tiempo, se conoce como entera santificación.

Creemos que la redención de Cristo, incluyendo santidad y entera santificación, es totalmente adecuada para satisfacer las profundas necesidades de la humanidad. La expiación de Cristo no sólo trata con las manifestaciones de pecado –el pecado y actos pecaminosos- sino que también con la condición del pecado, en otras palabras, no sólo con los síntomas sino también con la enfermedad. Con el apóstol Pablo nos regocijamos "pero allí donde abundó el pecado, sobreabundó la gracia" (Romanos 5:20).

La salvación en Cristo implica liberación de pecado (Mateo 1:21). Cuando somos justificados nos encontramos libres de la culpa que el pecado produce. Simultáneamente, en la regeneración (nuevo nacimiento) somos liberados del poder del pecado.

En la entera santificación somos liberados de la contaminación del pecado. En la glorificación seremos liberados de la presencia y efectos del pecado. En cada paso de la salvación, estamos siendo liberados o salvos, momento a momento.

De la balanceada y gran declaración en el artículo 10 provienen estas afirmaciones.

1. La Entera Santificación es un acto de Dios. Como en todos los pasos de la salvación, la santificación también es por gracia y por medio de la fe en Jesucristo. No proviene de nuestros propios esfuerzos, no importa que tan dignos o dadivosos seamos. Uno no es enteramente santificado por méritos o buenas obras. Los actos de compasión "en el nombre de Cristo" provienen de la actividad amorosa de Dios en el corazón y no acumulan méritos para recibir la gracia de la santificación.

La Entera Santificación generalmente ocurre "después de la regeneración" (Manual, Artículo 10). La Biblia nos habla de una segunda experiencia cristiana, como podemos ver en toda la epístola de 1 Tesalonicenses (Ver 1 Tesalonicenses 5:23-24). Después de la conversión, los creyentes llegarán al punto en el cual verán que su espíritu es distante a la santidad de Dios. Se confrontan con una fuerte tendencia al autogobierno y a la auto-gratificación del propio ser.

Prácticamente todos los cristianos evangélicos reconocen que la santidad es bíblica y que trae a los creyentes la libertad de pecado por medio del sacrificio de Cristo en la cruz. Sin embargo, existe un común desacuerdo en lo que significa ser libre de pecado y cuando la santificación se convierte en realidad para el creyente.

Cuatro puntos de vista han sido comúnmente expresados:

- La santidad (entera santificación) es simultánea con la regeneración y así es completada. Este punto de vista es contrario a la experiencia cristiana universal. Personas regeneradas a lo largo de la historia se han dado cuenta del antagonismo al amor divino que descubren en sí mismos bajo la iluminación del Espíritu Santo. Los creyentes han estado atentos a las perversas tendencias de su propia naturaleza, muchos han llegado a la conclusión de que no hay liberación hasta que uno no sea pasado por el fuego del purgatorio. Este punto de vista contradice al credo de todas las ramas ortodoxas de la iglesia.
- La santidad es crecimiento espiritual desde que somos regenerados hasta que morimos físicamente.
- Las personas son santificadas en el momento de la muerte. La experiencia cristiana falla al confirmar que la santidad se produce por crecimiento o por muerte. Nadie confirma que ha crecido a un estado espiritual en el cual se halla completamente libre del pecado, tampoco vemos en la Biblia ninguno de estos puntos de vista.

El cuarto punto de vista sobre la santidad es el que los nazarenos creen:

- La santidad empezó con la regeneración, es continuada por una obra instantánea de pureza de corazón (entera santificación) producida por el Espíritu Santo "después de la regeneración", y progresa en la vida del creyente hasta la glorificación.

Podemos llegar a la conclusión y preguntar el porqué de las dos obras de gracia. Quizá la mejor respuesta sea que hay diferentes niveles de necesidad. Los no creyentes no pueden conocer la profundidad de su condición pecaminosa y egoísta hasta que empiezan a caminar con el Señor y experimentan su santidad (Ver Isaías 6).

Los testimonios de otras personas, fuera del movimiento de santidad, sobre la segunda obra de gracia corroboran la evidencia de la Biblia y la experiencia. Los primeros exponentes de la santidad enfatizaban más la segunda obra de gracia que las ideas de las teorías que hablan de la santidad como algo que ocurre en constante crecimiento o en la muerte.

Un creyente no es solamente purificado del pecado original, del espíritu egoísta que tiende a desafiar la voluntad de Dios, sino que también lleva a la persona a un estado de completa devoción y obediencia hacia Dios. La voluntad del creyente se transforma en una junto a la voluntad de Dios, totalmente entregado a Él, puro en toda su devoción a Dios. Los creyentes desean seguir a Cristo en obediencia, no porque ellos se sientan forzados sino que este es su supremo deseo.

2. La Entera Santificación proviene del bautismo del Espíritu Santo. El bautismo del Espíritu Santo refina nuestra naturaleza pecaminosa que continúa después de la conversión (Ver Malaquías 3:1-3; Mateo 3:11-12). En la conversión el Espíritu mora en nosotros (Romanos 8:9; 1 Corintios 3:16; 6:19), aunque nosotros debemos ser "llenos" del Espíritu Santo para que Cristo more verdaderamente en nosotros (Efesios 3:14-19; 5:17-18). Somos enteramente santificados por medio del bautismo del Espíritu Santo. Esta purificación nos hace santos y también crea unidad en el amor perfecto dentro del cuerpo de Cristo, la iglesia, por la cual Cristo oró (Juan 17:17-26). La pureza (2 Corintios 7:1) y el poder (Hechos 1:8) son marcas de aquel que es enteramente santificado.

3. La Entera Eantificación es provista por la sangre de Jesucristo. No es el resultado de la fuerte determinación que uno pueda tener. Es una

parte integral de la expiación de Cristo (Hebreos 13:12). La fe que abre la puerta a su provisión de la Entera Santificación, es precedida por un compromiso completo y consumado a la voluntad de Dios, incluyendo todo lo conocido y desconocido. El Espíritu Santo confirma este compromiso total (Romanos 8:16). Esta garantía, distintiva en los círculos wesleyanos, proviene de la palabra y promesas de Dios, el hecho de que toda la condenación sea quitada es evidencia del fruto del Espíritu en la vida de la persona (Gálatas 5:22-25).

4. La Entera Santificación se conoce con varios términos. Términos como "perfección cristiana", "amor perfecto", "pureza de corazón", "el bautismo del Espíritu Santo", "la llenura de la bendición" y "santidad cristiana" representan las diferentes fases de la experiencia.

"Perfecto" o "perfección" en el usó bíblico significan completar el propósito que la persona o cosa tiene al ser creado, no perfecto en el sentido de que no hay "faltas" (Ver 1 Tesalonicenses 3:10). Hombres y mujeres fueron creados para amar a Dios con todas sus almas, mentes y fuerzas y a sus prójimos como así mismos. Esta forma de vivir, o "perfección cristiana" (1 Tesalonicenses 3:12-13), es posible porque el Espíritu Santo mora en nosotros y nos capacita.

Entonces la Entera Santificación es una obra divina que instantáneamente, por fe, nos trae libertad del pecado original, por medio de la presencia del Espíritu Santo, quien nos da poder para servir y entregarnos por completo a Dios.

5. Hay una diferencia entre un corazón puro y un carácter maduro. Tenemos "este tesoro en vasos de barro" (2 Corintios 4:7). Un "corazón puro" es obtenido al instante, el resultado de la Entera Santificación; un "carácter cristiano" es el resultado del crecimiento en la gracia, la cual requiere tiempo.

Rechazamos la noción de que el pecado, "llamado con propiedad" (como lo definió Wesley), es una desviación de la ley absoluta de Dios. El más santo entre nosotros en ocasiones no cumple o alcanza el propósito de Dios. El apóstol Pablo dijo, "Pues todos han pecado y están privados de la gloria de Dios" (Romanos 3:23). Esto distingue el pecado de error u omisión.

Podemos ser liberados del pecado en su sentido primario, que consiste en estar de acuerdo a la voluntad, y puede ser entregada en un corazón puro al instante. Sin embargo, no somos libres instantáneamente de nuestros errores, ignorancia, juicios, etc. Estos deben ser corregidos o mejorados, y el carácter debe ser desarrollado por medio del crecimiento en la gracia, la cual también proviene de Dios.

6. La Entera Santificación nos da el impulso para crecer en la gracia. Este impulso para crecer en la gracia debe ser alimentado por procesos como la alabanza, comunión con otras personas, estudio de la Palabra de Dios, oraciones y acciones de compasión hacia los necesitados. Cuando el crecimiento es obstruido o no ocurre, corremos el peligro de convertirnos en testigos inefectivos de la gracia de Dios y de perder el poder santificador y transformador de Dios en nuestras vidas. Este es un progreso en la santidad, este es el antídoto a una vida inefectiva y sin frutos.

JOHN A. KNIGHT es un superintendente general emérito en la Iglesia del Nazareno.

ESTUDIO DE PALABRAS

Santificar. Del latín sanctus, significa "sagrado". Santificar quiere decir ser apartado para uso sagrado.

Consagrado. También quiere decir "dedicado a un uso con propósito sagrado". "Santificar" y "consagrar" provienen de la raíz indo-europea sak.

Como cristianos, nos consagramos a Dios, pero sólo Él puede "santificarnos", "hacernos santos", "purificarnos". Cuando nos entregamos por completo a los propósitos de Dios, Él nos llena con su Espíritu, haciéndonos puros y santos a sus ojos.

CITAS DE APOYO

Este es el supremo desafío que Dios tiene para sus criaturas, su voluntad para nosotros, y es que en nuestra relación con Él podamos adorarlo en la hermosura de su santidad.

Aquí hay una belleza, no de calidad inanimada, pero sí una hermosura que el hombre, criatura de voluntad e inteligencia, puede poseer y así identificarse con su Dios, trayendo gloria y alabanza a aquel que lo creó.

H.V. Millar Superintendente General, 1940-1948.

Testigos de la fe

Joe creció en un hogar católico con un padre alcohólico que en ocasiones era violento. Sus padres se divorciaron cuando el tenia 14 años, pero Joe continuó sirviendo como misario hasta los 18 años. Durante este tiempo, empezó a seguir los pasos de su padre, bebía, fumaba y usaba drogas. Así llegó a buscar consejería y acabó dejando las drogas, pensó que este paso y su afiliación con la iglesia católica significaba que ya conocía a Jesús.

Aún así, continuó haciendo cosas que sabía que estaban mal e intentó esconderlas de su esposa e hijos. Un domingo las palabras del pastor tocaron su corazón: "Vacíese usted de usted mismo". Joe tomó una concha vacía y escribió dentro de ella lo que el sentía que Dios le estaba diciendo: "No tengas miedo. Abre tu concha. Dámela a mi". Joe oró pidiendo perdón por sus pecados, pero sin embargo sabía que no se había vaciado a sí mismo por completo. Más tarde, Joe escuchó el llamado del Espíritu Santo y oró a Dios para que Dios lo santifique por completo. "Dios llamó a la puerta", testificó Joe. "Yo supe que debía dejar mi antigua vida. Yo debía seguir la huellas de mi verdadero Padre".

Para reflexionar y poner en práctica

1. El Antiguo Testamento está lleno de historias de Dios santificando (apartando para uso santo) una variedad de cosas y personas. Lea como Dios santificó a la nación de Israel (Ezequiel 37:28), a una montaña (Éxodo 19:23), el día de reposo (Génesis 2:3), el tabernáculo (Éxodo 29:42-43). ¿Qué dijo Dios a la gente que debían santificar en los siguientes versículos? Éxodo 29:37; Éxodo 30:25; Levítico 2:10.
2. Todo lo que era separado para ser usado en los propósitos de Dios era denominado santo. ¿Cómo desarrolla su entendimiento personal sobre la santidad Levítico 11:44, cuando Dios nos llama a consagrarnos?
3. La experiencia de la Entera Santificación es conocida por varios términos. Busque estos pasajes para ejemplos:
   - "Perfección cristiana" y "amor perfecto": Deuteronomio 30:6; Mateo 5:43-48; 22:37-40; Romanos 12:9-12; 13:8-10; 1 Corintios 13; Filipenses 3:10-15; Hebreos 6:1; 1 Juan 4:17-18.

ARTÍCULOS DE FE

- "Pureza de corazón": Mateo 5:8; Hechos 15:8-9; 1 Pedro 1:22; 1 Juan 3:3.
- "Bautismo del Espíritu Santo": Jeremías 31:31-34; Ezequiel 36:25-27; Malaquías 3:2-3; Mateo 3:11-12; Lucas 3:16-17; Hechos 1:5; 2:1-4; 15:8-9.
- "Abundancia de la bendición": Romanos 15:29.
- "Santidad cristiana": Mateo 5:1-7:29; Juan 15:1-11; Romanos 12:1-15:3; 2 Corintios 7:1; Efesios 4:17-5:20; Filipenses 1:9-11; 3:12-15; Colosenses 2:20-3:17; 1 Tesalonicenses 3:13; 4:7-8; 5:23; 2 Timoteo 2:19-22; Hebreos 10:19-25; 12:14;13:20-21; 1 Pedro 1:15-16; 2 Pedro 1:1-11; 3:18; Judas 20-21.

REFERENCIAS BÍBLICAS ADICIONALES

Juan 7:37-39; 14:15-23; 17:6-20; Hechos 1:5; 2:1-4; 15:8-9; Romanos 6:11-13, 19; 8:1-4, 8-14; 12:1-2; 2 Corintios 6:14—7:1; Gálatas 2:20; 5:16-25; Efesios 3:14-21; 5:17-18, 25-27; Filipenses 3:10-15; Colosenses 3:1-17; 1 Tesalonicenses 5:23-24; Hebreos 4:9-11; 10:10-17; 12:1-2; 13:12; 1 Juan 1:7,9.

11
La Iglesia

Creemos en la iglesia, la comunidad que confiesa a Jesucristo como Señor, el pueblo del pacto de Dios renovado en Cristo, el Cuerpo de Cristo llamado a ser uno por el Espíritu Santo mediante la Palabra.

Dios llama a la iglesia a expresar su vida en la unidad y comunión del Espíritu; en adoración por medio de la predicación de la Palabra, en la observancia de los sacramentos, y al ministrar en su nombre; y, por la obediencia a Cristo y la responsabilidad mutua.

La misión de la iglesia en el mundo es continuar la obra redentora de Cristo con el poder del Espíritu, mediante una vida santa, la evangelización, el discipulado y el servicio.

La iglesia es una realidad histórica que se organiza en formas culturalmente adaptadas; existe tanto como congregaciones locales y como cuerpo universal; aparta a personas llamadas por Dios para ministerios específicos. Dios llama a la iglesia a vivir bajo su gobierno en anticipación de la consumación en la venida de nuestro Señor Jesucristo.

Manual, Artículo 11

La iglesia le pertenece a Dios. Pedro se refiere a la iglesia como "pueblo adquirido por Dios" en 1 Pedro 2:9 (RVR60), esto expresa la intimidad con la cual Dios se relaciona con la iglesia. En estos versículos el apóstol caracteriza a la iglesia como "linaje escogido, real sacerdocio, nación santa". Estas definiciones ilustran la seriedad con la que los primeros cristianos veían y entendían la iglesia. También sugieren que la iglesia es crucial para lo que Dios está realizando en el mundo. La iglesia es una forma, quizá la más importante, en que la presencia de Dios se manifiesta en el mundo. La presencia de Dios en el mundo está vinculada con la presencia física de la iglesia. Es la iglesia que en obediencia aparta a Pablo y Bernabé como misioneros (Hechos 13:2). Es la iglesia la que decide no llevar a cabo la circuncisión como un requisito para que los gentiles formen parte de ella (Hechos 15:8-9).

El Artículo 11 del Manual de la Iglesia del Nazareno enfatiza la importancia de la iglesia. Empieza con una simple declaración que dice que la iglesia es una comunidad constituida por la confesión de Jesucristo como Señor. El evento central del Nuevo Testamento es el nacimiento, muerte y resurrección de Jesucristo. Pedro confiesa a Jesús como Señor, y es en esta confesión que la iglesia debe ser entendida (Mateo 16:16-18).

Antes Pedro proclamó en el Sanedrín, "...en ningún otro hay salvación, porque no hay bajo el cielo otro nombre dado a los hombres" (Hechos 4:12). Es la iglesia que proclamará esta salvación en el nombre de Jesús. Mientras la iglesia dudaba acerca de lo que debía hacer con los gentiles, Pedro declaró, "Ahora comprendo que en realidad para Dios no hay favoritismos" (Hechos 10:34). La confesión de Jesucristo como Señor aparece en el mundo en medio de la gente de Dios.

La iglesia se sitúa en la continuidad de lo que Dios ha hecho siempre. Las personas que forman parte de la iglesia son personas que están dentro del pacto de Dios y como tales son parte de lo que Dios hizo en el llamado de Abraham y en la promesa a David. Para las personas del pacto, la relación establecida con Moisés se transforma en la ley dentro de nosotros "Pondré mi ley en su mente, y la escribiré en su corazón" (Jeremías 31:33). De la forma en la que Dios habló en el pasado, Él habla ahora en Jesús y establece a la iglesia como su Cuerpo. La iglesia se hace real en el mundo por su existencia como el pueblo de Dios, el cuerpo de Cristo, y el templo del Espíritu Santo. Por el poder del Espíritu, la palabra es predicada, y Jesucristo es confesado como Señor.

El artículo 11 afirma que la iglesia existe en unidad y comunión (Gálatas 3:28). No estamos hablando de los estilos de música o el color de la alfombra. No nos referimos a las diferentes nacionalidades o géneros. La iglesia está llamada a reflejar la vida de Dios. El Dios trino define unidad y comunión, y en este profundo misterio existe la unidad de la iglesia. La unidad se expresa en la adoración por la predicación, los sacramentos, los ministerios, la obediencia y mutua responsabilidad.

La misión de la iglesia "es continuar la obra redentora de Cristo" (Manual, Artículo 11). Esto sucede sólo en el poder del Espíritu Santo. La obra de la iglesia se hace visible en vidas santas, evangelismo, discipulado y servicio. La iglesia no es simplemente una idea; es un conjunto de prácticas. Y a través de estas prácticas se invita a las personas a la misma vida de Dios para que los perdidos sean redimidos y los santos equipados.

La iglesia existe en tiempo y en espacio dentro de diversas culturas. Por ello hay una congregación de 50 fieles en Maine, y otra de 1600 en Oregón y en Mozambique. Con una liturgia organizada y alabanza espontánea, ha sobrevivido a los avances y caídas de las grandes civilizaciones. Algunos adoran con órgano y piano, otros con guitarra y batería. En la iglesia hay hombres con traje y corbata y jóvenes con pantalones vaqueros y camisetas. Dios encuentra expresión en la iglesia en la libertad del Espíritu. Nos sentamos en las congregaciones establecidas en un lugar y tiempo determinado, pero al mismo tiempo somos la iglesia viva en todo lugar y en toda época. Esta realidad terrenal llamada iglesia separa a las personas para el ministerio. Mientras que la iglesia hace historia con los pies en la tierra, alza sus ojos al cielo. Por el momento la iglesia espera, pero no espera pasivamente. Nos animamos los unos a los otros con expectación, ofrecemos nuestra adoración a Dios e invitamos a los perdidos. Finalmente, la iglesia no es nuestro trabajo particular; es la grandiosa obra de Dios en la historia.

La iglesia es el pueblo de Dios, un recordatorio físico y espiritual de que Dios todavía no ha terminado. Es la comunión engendrada del Espíritu que hace un llamado a las personas que están atadas en el pecado y la oscuridad. La iglesia da la bienvenida, disciplina, testifica, recuerda, anima, lleva las cargas de otros y anticipa el retorno de Aquel que confiesa como el Señor. La iglesia permite que Dios tenga una dirección, una puerta, un altar, pies y manos. Es allí donde Dios les ayuda a los perdidos a entender que ahora se han convertido en parte del pueblo de Dios.

HENRY W. SPAULDING II *es profesor de teología y filosofía en la Universidad Nazarena de Trevecca en Nashville, Estados Unidos.*

ESTUDIO DE PALABRAS

Iglesia. Del antiguo griego kuriakon, significa "del Señor". Llegó a significar "la casa del Señor". "Iglesia" se refiere no sólo al lugar de congregación sino también, y especialmente, a la congregación en sí. La "Iglesia universal" (Note la mayúscula) se refiere a la compañía de todos los cristianos que representan un cuerpo espiritual.

Algunos de los primeros credos, como el Credo de los Apóstoles, hablan de la "Iglesia católica" (note la minúscula en "católica" y la mayúscula en "Iglesia"). Este uso de "católico" es sinónimo de "universal" (todo los creyentes cristianos) y no debe ser confundida con la Iglesia Católica Romana, una rama particular del cristianismo.

Citas de apoyo

La iglesia cristiana no quiere y no necesita miembros por el trabajo que debe hacer. La iglesia cristiana tiene un secreto en su corazón y lo quiere compartir. Cada vez que alguien, por el arrepentimiento y el perdón, entra en esta comunidad de gracia, finalmente descubre la vida, y será obligado a convertirse en una canal para que su vida fluya. Asombrosos y costosos proyectos llegaran a realizarse, pero no con fines en sí mismos y el grupo no se convertirá en un medio para esos fines. El grupo nunca olvidará que su principal función es edificar a sus miembros en amor.

William T. Ham, Velas del Señor

Testigos de la fe

Vern y Luz Tamayo ayudaron a plantar la Iglesia del Nazareno en Taytay en un edificio bancario cerca de Manila, Filipinas. Al estilo del Nuevo Testamento, la iglesia creció rápidamente. A pesar de que en un día terrible Vern murió trágicamente, sus esfuerzos evangelísticos perduraron. El domingo después de su muerte, 50 personas completaron un intensivo discipulado de cuatro semanas y fueron recibidos como miembros dentro de la iglesia. Las personas de la iglesia de Taytay rodearon a Luz y a sus tres hijos con amor y apoyo. Después le preguntaron si ella quería ser su pastora. Hoy esta iglesia es un floreciente centro de evangelismo, campamentos, ministerios, evangelismo deportivo, ministerio en la cárcel, evangelismo clínico. En el 23 aniversario, bajo el ministerio de Luz, 2,423 personas asistieron. Ahora esta iglesia está plantando otras iglesias.

PARA REFLEXIONAR Y PONER EN PRÁCTICA

En 1 Corintios 12 se nos da una imagen metafórica de la iglesia local como el cuerpo de Cristo. El énfasis está en la diversidad dentro de la unidad.

1. ¿Cuál es principio unificador dentro del Cuerpo con tantas partes diversas? (vv. 4-6,12-13).
2. ¿Por qué nos han sido dados tantos dones, personalidades, responsabilidades y culturas tan diferentes? (vv. 14-20,28).
3. ¿Por qué razones debemos permanecer unidos a pesar de nuestra diversas personalidades? (vv. 21-27).
4. ¿Cómo te ayuda 1 Corintios 12 a entender tu iglesia y tu papel dentro de ella? ¿Cómo te ayuda a tratar con las diferentes opiniones?

REFERENCIAS BÍBLICAS ADICIONALES

Éxodo 19:3; Jeremías 31:33; Mateo 8:11; 10:7; 16:13-19, 24; 18:15-20; 28:19-20; Juan 17:14-26; 20:21-23; Hechos 1:7-8; 2:32-47; 6:1-2; 13:1; 14:23; Romanos 2:28-29; 4:16; 10:9-15; 11:13-32; 12:1-8; 15:1-3; 1 Corintios 3:5-9; 7:17;11:1, 17-33; 12:3, 12-31; 14:26-40; 2 Corintios 5:11—6:1; Gálatas 5:6, 13-14;6:1-5, 15; Efesios 4:1-17; 5:25-27; Filipenses 2:1-16; 1 Tesalonicenses 4:1-12; 1 Timoteo 4:13; Hebreos 10:19-25; 1 Pedro 1:1-2, 13; 2:4-12, 21; 4:1-2, 10-11;1 Juan 4:17; Judas 24; Apocalipsis 5:9-10.

12
El Bautismo

Creemos que el bautismo cristiano, ordenado por nuestro Señor, es un sacramento que significa la aceptación de los beneficios de la expiación de Jesucristo, que debe administrarse a los creyentes, y que declara su fe en Jesucristo como su Salvador, y su pleno propósito de obediencia en santidad y justicia.

Siendo el bautismo un símbolo del nuevo pacto, se puede bautizar a niños pequeños, a petición de sus padres o tutores, quienes prometerán la enseñanza cristiana necesaria.

El bautismo puede ser administrado por aspersión, afusión o inmersión, según la preferencia del candidato.

Manual, Artículo 12

Un pastor nazareno en India derrama agua sobre la cabeza de una pareja arrodillada frente a él en un arroyo pedregoso. En Perú, un misionero se pone de pie en una represa y sumerge a los candidatos al bautismo uno a uno. Y en una asamblea de distrito en Texas, varios niños son presentados al Superintendente General H. F. Reynolds quien los bautiza salpicándolos con agua. Todas éstas son formas de bautismo cristiano reconocidas como válidas por la Iglesia del Nazareno.

La nuestra es una tradición de "medios de gracia". Los wesleyanos, junto con los reformadores protestantes, entendemos la fe como un medio ordenado por Dios a través del cual recibimos la gracia divina. Pero Dios comunica esta gracia a nuestros "receptores" de fe por diversos medios: La predicación del evangelio, los sacramentos, el estudio de la Biblia, la oración, la meditación, el ayuno y el compañerismo cristiano entre otros.

El bautismo y la santa cena son sacramentos de la iglesia reconocidos universalmente y representan facetas esenciales del evangelio. Ambos requieren nuestra participación.

Los sacramentos comprometen al creyente, pero siempre en el contexto de la iglesia, la comunidad cuyo centro de adoración es Cristo. Con

ARTÍCULOS DE FE

frecuencia los cristianos experimentan fuertes emociones personales mientras participan de los sacramentos, pero el propósito principal de los sacramentos es moldear el cuerpo de Cristo. Los sacramentos dan a la iglesia coherencia y continuidad a través del espacio y del tiempo.

Tanto el bautismo como la cena del Señor se basan en "prescripciones dominicales", esto es, actos de adoración a Jesús que nuestro Señor (domine) instruyó a sus seguidores. Pero Jesús hizo más que instruir, estableció el ejemplo. Ahora, nosotros tomamos los sacramentos con seriedad porque los verdaderos discípulos tienen en cuenta las instrucciones y lo hacen de acuerdo con el patrón establecido por su Maestro.

El bautismo es un sacramento de iniciación o ingreso a la iglesia. A pesar de ser realizado por ministros ordenados, de una u otra denominación, el bautismo no es algo sectario. Significa la recepción del creyente en la iglesia universal, uniéndonos a un compañerismo de creyentes mucho más amplio que el grupo local.

El bautismo funciona como un medio de gracia en varias maneras. Primero, la persona bautizada públicamente recibe la iglesia y sus dones, incluyendo ayuda y crecimiento espiritual, disciplina y responsabilidad mutua. La iglesia recibe a su vez los dones y gracia de la persona bautizada incorporándolas al testimonio corporativo. En el nivel más elemental, el Bautismo nos llama al ministerio público. Cada día, como una parte del cuerpo de Cristo, vamos a ministrar al mundo por medio de nuestras vocaciones y vidas como representantes de Cristo y su iglesia.

El bautismo de infantes y de creyentes tiene raíces antiguas en la iglesia cristiana y la Iglesia del Nazareno permite ambos. Los padres pueden, o no, escoger presentar a los niños pequeños para el bautismo. Algunos de los fundadores de la Iglesia del Nazareno venían de iglesias que practicaban un tipo de bautismo y otros venían de trasfondos en los que se prefería otro tipo de bautismo. Los tres cuerpos principales que se unieron para crear la Iglesia del Nazareno permitían libertad de conciencia en este asunto. Desde entonces esta ha sido la forma de actuar de la Iglesia del Nazareno.

El bautismo de infantes ha sido más ampliamente practicado a través de la historia cristiana. En la Iglesia Ortodoxa Occidental, el catolicismo y en la mayoría de las iglesias protestantes se mantuvo de manera consistente una lógica básica en relación al bautismo de infantes. Este rito es visto como una analogía cristiana del rito judío de la circuncisión que señala el ingreso a la comunidad del pacto.[1] Los wesleyanos tienen una razón adicional. Vemos la gracia de Dios en Cristo como universal, un ofrecimiento extendido a todos. Sobre esta base, enseñamos que los infantes están cubiertos por los beneficios de la expiación de Cristo hasta alcanzar la edad de responsabilidad moral. Entre nosotros, el bautismo de infantes no imparte la gracia salvadora sino que significa que esa gracia está ya presente. Este es verdaderamente un signo externo de una gracia interna de la misma forma que lo es el bautismo de adultos quienes reconocen que sus pecados son perdonados.

El bautismo de los creyentes, una posición minoritaria a lo largo de la historia de la iglesia, creció en popularidad en los dos últimos siglos.[2] Su popularidad creció entre los nazarenos durante el siglo XX y es hoy la forma de bautismo practicada más común. El bautismo de adultos, o creyentes, es una declaración pública de que le creyente se arrepintió de sus pecados, recibió el perdón de Cristo y busca enmendar su vida con la ayuda del Espíritu Santo. También significa la decisión conciente y evidente de unirse a la iglesia.

El bautismo cristiano ha sido administrado en tres formas diferentes: Aspersión, efusión e inmersión. Los nazarenos no insisten en bautizar de un único modo. Se permite a los candidatos (o padres, en el caso de infantes) decidir en base a su conciencia.

J. B. Chapman, uno de nuestros sabios líderes, sostuvo que ni el tiempo ni la manera son tan importantes como el mismo hecho del bautismo. Aún insistió: "Se espera que la gente que se une a la Iglesia del

---

[1] El bautismo de infantes predomina en algunas iglesias protestantes luteranas, anglicanas, congregacionalistas, presbiterianas, en las iglesias reformadas y en la mayoría de las denominaciones metodistas.

[2] Entre las iglesias que afirman estrictamente el bautismo de los creyentes se incluyen las iglesias menonitas, la Iglesia de los Hermanos, Discípulos e Iglesias de Cristo, todas las bautistas y la mayoría de las denominaciones pentecostales. En América del Norte la práctica del bautismo de los creyentes se debió mayormente al surgimiento de las iglesias bautistas y pentecostales en el siglo XX.

Nazareno tendrá un bautismo de agua en alguna manera" (El Heraldo de Santidad, 13 de diciembre de 1922).

STAN INGERSOL *es el director del Archivo Nazareno en la sede internacional de la Iglesia del Nazareno en la ciudad de Kansas, Estados Unidos.*

ESTUDIO DE PALABRAS

Sacramento. Del latín sacre, que significa "consagrar". Un sacramento es un rito cristiano que simboliza gracia divina. Elementos externos visibles que son bendecidos o consagrados, como el agua, simbolizan la obra interna invisible de la gracia de Dios. Juan Wesley definió sacramento como "una señal externa de una gracia interna y un medio por el cual lo recibimos" (Obras, 5:188). Los sacramentos variaron en número en la iglesia cristiana por mil años. Siete fueron sostenidos en el siglo XII, estos son aún observados por la Iglesia Católica Romana y la Iglesia Ortodoxa Occidental. Durante el siglo XVI, los reformadores protestantes rechazaron cinco de estos sacramento. Hoy, la mayoría de las iglesias protestantes, incluida la Iglesia del Nazareno, observan dos: El Bautismo y la Santa Cena del Señor.

CITAS DE APOYO

Ningún sacramento provee algo a menos que sea un símbolo externo de una experiencia interna. La prueba de esto es la realidad de la nueva vida que exhibe las consecuencias éticas. "¿Cómo puede continuar viviendo en pecado alguien que murió al pecado?" Si el bautismo es realmente morir y resucitar, significa entonces una verdadera y profunda revolución en la vida personal, una revolución que simplemente manifiesta un nuevo carácter moral.

C. Harold Dodd, El Significado de Pablo Para Hoy.

En su libro "For Whom the Bell Tolls", John Donne escribió, "La iglesia es... universal, así como lo son también sus acciones; todo lo que hace involucra a todos. Cuando la iglesia bautiza a un niño, esa acción me afecta a mí; porque de esa manera ese niño se conecta al Cuerpo que es también mi cabeza y se injerta en el Cuerpo del cual soy un miembro". Más allá de observadores casuales de la ceremonia del bautismo, cada miembro del cuerpo de Cristo es hecho responsable de guiar, nutrir, proteger y cuidar por el nuevo cristiano, de la misma manera en que una familia haría con un recién nacido.

HUELLAS

Aún cuando la Iglesia del Nazareno registra las preferencias bautismales de sus líderes en el principio, la iglesia pronto se inclinó a enfatizar el significado por encima de los métodos. Chapman, un inversionista y uno de los primeros editores de El Heraldo de Santidad y superintendente general, defendió otros métodos de bautismo. A pesar de ello, Chapman aconsejó que los ministros bautizaran con métodos diferentes a sus preferencias personales en lugar de que los nuevos creyentes tuvieran que esperar por un ministro que coincidiera de todo corazón con su método de bautismo preferido (El Heraldo de Santidad, 13 de diciembre de 1922).

Mary Lee Cagle, una importante predicadora nazarena en el principio de la iglesia, primero defendió la aspersión como el único modo bíblico de bautismo. Pero después de 1904 abrazó la idea de permitir que cada candidato al bautismo escogiera el modo del bautismo. En un servicio en Nuevo México, ella y su esposo bautizaron creyentes de todos los modos posibles debajo del sol. Ellos sumergieron, rociaron y bautizaron recién nacidos. Fue un tiempo de regocijo; y los gritos de los redimidos retumbaban por las colinas" (Vida y obra de Mary Lee Cagle).

Con frecuencia se solicitaba a los primeros superintendentes generales Phineas F. Bresee, Hiram F. Reynolds, Roy T. Williams, J. B. Chapman y John W. Goodwin que bautizaran niños pequeños en las asambleas de distrito. Notas de los diarios de las asambleas de distrito ilustran lo que en un tiempo era una práctica muy popular: "A las 2 en punto el Dr. Reynolds bautizó seis niños recién nacidos, lo que bendijo a todos. Después de esto continuó un gran servicio de ordenación" (Diario, Distrito Oklahoma Este, 1924).

REFERENCIAS BÍBLICAS ADICIONALES

Mateo 3:1-7; 28:16-20; Hechos 2:37-41; 8:35-39; 10:44-48; 16:29-34; 19:1-6; Romanos 6:3-4; Gálatas 3:26-28; Colosenses 2:12; 1 Pedro 3:18-22.

13
La Santa Cena

Creemos que la Cena Conmemorativa y de Comunión instituida por nuestro Señor y Salvador Jesucristo, es esencialmente un sacramento del Nuevo Testamento, que declara su muerte expiatoria, por cuyos méritos los creyentes tienen vida y salvación, y la promesa de todas las bendiciones espirituales en Cristo. Es distintivamente para aquellos que están preparados para apreciar con reverencia su significado, y por ella anuncian la muerte del Señor hasta que Él venga otra vez. Siendo la fiesta de Comunión, sólo aquellos que tienen fe en Cristo y amor para los santos, deben ser llamados a participar en ella.

Manual, Artículo 13

¿Puede imaginarse estando con los 12 discípulos mientras ellos caminaban con Jesús por Galilea y Judea? ¿Es hoy posible, en nuestro caminar cristiano, estar tan cerca de Jesús como lo estuvieron los primeros discípulos? Oramos, leemos la Biblia, adoramos y ministramos a otras personas.

Los discípulos estuvieron en la presencia física de Jesús. Ellos podían extender su mano y tocar su cuerpo de carne y hueso real. La buena noticia es que Él proveyó una forma por la cual virtualmente podamos hacer lo mismo, extender nuestras manos y tomar el pan que es su cuerpo y beber la copa que es su sangre. Los 12 discípulos no tuvieron una ventaja mucho mayor sobre nosotros. También nosotros estamos en la presencia de Cristo en la mesa de la comunión, de la misma manera que ellos estuvieron. Esta es, en verdad, una buena noticia.

El sacramento de la Cena del Señor es conocido en el Nuevo Testamento y en la historia cristiana por varios nombres: Comunión, santa comunión, la cena, el rompimiento del pan, la mesa de Señor y la eucaristía.

Afirmamos en relación a la mesa de Cristo, al menos, cinco verdades.

ARTÍCULOS DE FE-

1. La Cena es una conmemoración de acuerdo con las palabras de Cristo: "Hagan esto en memoria de mí" (Lucas 22:19). El pueblo de Dios en el Antiguo Testamento fue amonestado a no olvidar al Dios que los liberó de Egipto. De la misma manera, debemos recordar la obra expiatoria de Cristo que nos libera de la atadura del pecado. Es un memorial y mucho más.
2. La Cena es una celebración en la que damos gracias por nuestra redención. La palabra "eucaristía" viene del verbo griego que significa "ser agradecido". Una forma de esta palabra se usa en cada narración de la última cena que nos brinda el Nuevo Testamento cuando Jesús da gracias por el pan antes de darlo a los discípulos (Mateo 26:26-30; Marcos 14:22-26; Lucas 22:14-20 y 1 Corintios 11:23-26). Eucaristía es un tiempo de acción de gracias, al igual que el antiguo festival de la cosecha.

De la misma manera que los judíos celebraban los poderosos actos redentores de Dios, comiendo y bebiendo en las varias celebraciones incluidas en el Antiguo Pacto, al comer y beber la eucaristía, los cristianos celebramos la obra de Dios en su acto redentor por medio de Jesucristo. La iglesia, algunas veces, para su propio perjuicio, olvidó la influencia de la adoración judía en el pensamiento y la práctica de la eucaristía cristiana permitiendo que la adoración cristiana se pierda su robustez y se vuelva débil y sentimental.

La eucaristía era una ocasión de celebración gozosa para la iglesia primitiva. No era una ocasión triste, sino festiva. Al pasar los siglos, predominó la nota más triste y permaneció por demasiado tiempo en muchas iglesias. Necesitamos recobrar el aspecto "alimenticio" o "substancioso" de esta comida. Representa una fiesta, no un funeral. Debe ser como una familia feliz en el tiempo de la comida. La cena del Señor debe ser un tiempo de gozo al reunirse la familia de Dios. Desde ya, al considerar el costo horrible que Dios pagó en el Calvario por nuestra redención no puede estar ausente la nota solemne. Pero nosotros debemos pasar rápidamente del Calvario a la Pascua, de la crucifixión a la resurrección y a la presencia del Cristo resucitado en la mesa con nosotros, de la misma manera que estuvo con los discípulos en el camino a Emaús (Lucas 24:30-32).

3. La cena es la presentación en la cual nosotros mismos nos ofrecemos como sacrificios vivos (Romanos 12:1). Los sacrificios eran importantes en la religión de Israel. Es un concepto penetrante en el libro de Hebreos y figura de manera destacada en el lenguaje de Jesús al instituir la cena (ver Mateo 26:28). La invitación a la mesa de Cristo es un llamado a ser "sacerdocio santo, para ofrecer sacrificios espirituales que Dios acepta por medio de Jesucristo" (1 Pedro 2:5).
4. La eucaristía es una participación en la sangre y en el cuerpo de Cristo (1 Corintios 10:16). La palabra griega koinonia en este versículo puede ser traducida como "compañerismo", "compartir" o "participación". Pero Pablo nos advierte contra una participación "indigna" (1 Corintios 11:27). Desafortunadamente, una mala interpretación de las palabras del apóstol mantiene fuera de la mesa a muchas almas sensitivas que se sienten indignas. En realidad, nadie es jamás digno de ser invitado a la mesa de Cristo. Si dignidad fuera el requisito, nadie podría participar de la cena. Pero el contexto muestra que comer indignamente es comer "sin discernir el cuerpo" (v.29) al negarse egoístamente compartir y así, negar el compañerismo, de ese modo violan la koinonia.
5. La cena significa anticipación al mirar hacia el fin de este tiempo. Es un anticipo, un aperitivo de la fiesta final del reino de Dios. Es el sabor real, pero no con toda su intensidad. El sabor pleno aguarda el día en que Dios habrá de "reunir en Él todas las cosas, tanto las del cielo como las de la tierra" (Efesios 1:10). Al celebrar en la mesa de Cristo ahora nos regocijamos en esa esperanza bendita.

ROD L. STAPLES *es profesor emérito de teología del Seminario Teológico Nazareno en la ciudad de Kansas, Estados Unidos.*

ESTUDIO DE PALABRAS

Comunión. De la palabra griega koinonia que significa "compañerismo". En 1 Corintios 10:16 Pablo presenta la copa y el pan de la comunión. Comunión significa tener un lazo o vínculo común, compartir con nuestro Señor resucitado un compañerismo genuino, especialmente al compartir la Cena del Señor. Como dijo Jorge Macdonald, "El hambre puede hacer que el hijo que escapó de la casa regrese, y puede que allí haya alimento o no; pero él necesita a su madre más que la comida". Tener comunión con Dios es la necesidad del alma que está por encima de cualquier otra necesidad" (La Palabra de Jesús en Oración).

PREGUNTAS Y RESPUESTAS

1. ¿Cuál es la diferencia entre los varios términos usados para referirse a la cena del Señor?

    Cada uno destaca un aspecto importante de este sacramento. "La cena del Señor" (1 Corintios 11:20) y la "mesa del Señor" (1 Corintios 10:21) enfatiza la pertenencia al Señor. "Comunión" (1 Corintios 10:16) ilustra el compañerismo o "lazo común" que el sacrificio de Cristo hizo posible entre Dios y los seres humanos. Los Padres de la iglesia comenzaron a llamar a la ocasión "eucaristía", significando "acción de gracias", en referencia a la bendición pronunciada sobre el sacramento después del año 100 d.C. aproximadamente.

2. ¿Quién está calificado para ministrar la cena del Señor?

    Los ministros ordenados, diáconos y ministros licenciados, como establece el Manual de la Iglesia del Nazareno, están autorizados para ministrar los sacramentos de bautismo y de cena del Señor.

3. ¿Quién puede participar en la cena del Señor?

    Algunas iglesias practican la comunión "cerrada", es decir, sólo permiten la participación de miembros, y otras la comunión "abierta" a todos. En la Iglesia del Nazareno son invitados a participar todos los que "con verdadero arrepentimiento habéis abandonado vuestros pecados y habéis creído en Cristo para salvación" (Manual, párrafo 802), más allá de su afiliación a la iglesia.

4. ¿Qué creemos acerca de los elementos?

    A diferencia de algunas congregaciones que creen que la bebida y el pan son espiritual, supernatural o substancialmente transformados en el cuerpo y la sangre de Cristo, nosotros creemos que los elementos son símbolos de su cuerpo y sangre y al compartirlos participamos en su muerte como sacrificio.

5. ¿Cómo pueden ser presentados los elementos?

    La Iglesia del Nazareno usa jugo de uva sin fermentar y pan sin levadura u obleas. La copa puede ser individual o compartida, y la

distribución puede ser central o realizada en ubicaciones variadas, o en forma de congregación al comer y beber en forma unísona.
6. ¿Con qué frecuencia debe observarse la cena del Señor?
La Biblia no dice nada acerca de la frecuencia. Hasta el siglo XVI la iglesia generalmente celebró la cena del Señor en forma semanal. A partir de la reforma no hubo un patrón universal en relación a la frecuencia de la observancia entre las iglesias protestantes.

Huellas

La congregación de la Iglesia del Nazareno más antigua fue organizada en 1887 como la Iglesia Evangélica del Pueblo en Providence, Rhode Island. Antes de unirse a las iglesias de Santidad que luego llegaron a ser la Iglesia del Nazareno, funcionaban con su propio manual congregacional, que incluía un artículo de fe sobre la cena del Señor. La participación se valoraba en forma tan elevada que la "ausencia innecesaria" a la comunión se consideraba como ocasión para aplicar la disciplina y determinar la baja de la membresía de la iglesia ("Reglas de Posición").

Para reflexionar y poner en práctica

1. De la misma manera que la pascua fue un símbolo del antiguo pacto (Éxodo 12:1-14), la cena del Señor es un símbolo del nuevo pacto, sellado con la muerte y resurrección de Cristo (Mateo 26:26-29). ¿Qué celebraban y conmemoraban en la pascua los israelitas? ¿En qué manera se asemeja esto a nuestra celebración y conmemoración de la cena del Señor? ¿En qué se diferencian?
2. La iglesia de Corinto sufrió divisiones debido a la forma en que observaban la cena del Señor (1 Corintios 11:17-34). ¿En qué manera los Corintios desagradaron a Dios? ¿Cuáles fueron las instrucciones que les dio Pablo?

Referencias bíblicas adicionales

Éxodo 12:1-14; Mateo 26:26-29; Marcos 14:22-25; Lucas 22:17-20; Juan 6:28-58; 1 Corintios 10:14-21; 11:23-32.

14
La Sanidad Divina

Creemos en la doctrina bíblica de la sanidad divina e instamos a nuestra feligresía a buscar oportunidad para hacer oración de fe para la sanidad de los enfermos. Creemos también que Dios sana a través de las agencias de la ciencia médica.

Manual, Artículo 14

El artículo de fe sobre la sanidad divina consiste en sólo dos frases por lo que es el más breve de los artículos del Manual. A primera vista, estas pocas palabras parecen tener poco que ver con asuntos de fe tan importantes tratados en otros artículos, tales como pecado, la salvación y la encarnación de Jesucristo. Pero, sin embargo, la afirmación que la iglesia hace en este artículo de fe es importante y está conectada a los aspectos principales de nuestra fe.

Primero, al urgir a la gente a orar por los enfermos, afirmamos que Dios cuida de nuestros cuerpos físicos. Ahora y, una vez más, a través de la historia del cristianismo, los creyentes cayeron en la trampa de pensar que el cuerpo es malo en sí mismo. Los primeros herejes, llamados gnósticos, enseñaron que la meta de esta vida es permitir al "yo verdadero", él "alma", escapar de la corrupción de esta realidad física. Sin embargo, la fe cristiana genuina no nos permite llamar malo lo que Dios creó como bueno. Aún más, creemos que Dios cuida lo que Él creó. Por lo tanto, cuando exhortamos a nuestra gente a orar por aquellos que están enfermos, lo hacemos creyendo que a Dios le interesan las cosas que nos causan dolor y afectan nuestra vida en este mundo.

Segundo, al motivar a la gente a orar por los enfermos y reconocer que Dios con frecuencia interviene por medio de seres humanos entrenados por la ciencia médica, afirmamos nuestra creencia en un Dios que obra. En la sociedad occidental conducida científicamente, mucha gente no se siente cómoda con la idea de que Dios "se enreda" en el mundo natural o con los asuntos humanos. Preferimos ampliamente explicar todas las cosas en forma ordenada y simple en términos de causas y efectos físicos, sin necesidad de tener que decir cada vez, "Dios lo hizo". Esto puede parecer una forma más simple de ver el mundo, pero no coincide con la imagen de Dios representada en la Biblia.

El Dios de la Biblia es un Dios que actúa, que está comprometido con el mundo de lo natural y los asuntos humanos, un Dios que puede hacer que las cosas acontezcan. Afirmamos que Dios es libre para ser "milagroso" cuando lo desea y también afirmamos la validez de lo que algunos llaman ciencia médica "no milagrosa". Pero aunque no todos los actos de Dios necesitan pertenecer a la categoría de milagros, esto no cambia el hecho que Él está detrás de la sanidad médica. Él otorga dones a los médicos y enfermeras, creó un mundo en el que ciertos químicos tienen un efecto biológico positivo, y diseñó el cuerpo humano en tal manera que puede ser grandemente, aunque aparentemente no por completo, entendido.

Desde ya, esto no significa que Dios sana cada vez que pedimos, ya sea en forma milagrosa o a través de la ciencia médica. Nuestro artículo de fe está presentado como una exhortación a la oración, no como una garantía de que Dios siempre hará lo que le pedimos. No tiene sentido orar si no pensamos que Dios tiene suficiente interés como para actuar, pero nuestras oraciones no son encantamientos mágicos que lo fuercen a hacerlo. La principal tarea de Dios es la de extender su reino y, algunas veces, su reino se beneficia mejor por medio de nuestras debilidades y enfermedades (2 Corintios 12:7-10). Estos son tiempos en los que nos encontramos orando junto con Jesús en el Getsemaní, "no sea lo que yo quiero, sino lo que quieres tú" (Mateo 26:39).

Nosotros creemos que este mundo físico no es lo definitivo. En verdad, la condición del alma es suprema. Reconocemos que la sanidad más elevada que Dios quiere lograr no puede estar limitada a la sanidad de nuestros cuerpos mortales y mentes en este mundo caído. Por medio de la cruz sabemos que la sanidad última se logra a veces en medio del dolor y el sufrimiento. Aún así, afirmamos que las enfermedades y males no representan a la vida según fue creada, y creemos que Dios con frecuencia, aunque no siempre, demostrará su amor e interés al actuar trayendo sanidad y restauración a nuestros cuerpos físicos.

Cuál sea el problema que enfrentamos al tratar de determinar donde y como Dios obra, aún así afirmamos como iglesia que Él obra en forma concreta para llevar "sanidad a las naciones" (Apocalipsis 22:2RVR60).

Y esta es la razón por la que incluimos este artículo en nuestro Manual. Creemos en un Dios que obra porque tiene interés en nosotros, y esto debe llevarnos a mostrar interés y a actuar de la misma manera.

Timothy J. Crutcher *es profesoR asistente de historia y teología en la Universidad Nazarena del Sur en Bethany, Oklahoma, Estados Unidos.*

Estudio de palabras

Sanar. De la raíz indo europea kailo que se traduce al español como "entero" o "completo". Igualmente, el término "completo" se relaciona con "saludable". Estar saludable es estar completo; estar completo es estar saludable. Dios creó nuestro ser entero, cuerpos, mentes y espíritus y es capaz de traer integridad, o plenitud, y salud a cada parte de nuestra vida. Separados de Él no tenemos plenitud ni salud (Vea el Estudio de Palabra para "santo" en el capítulo 3: "El Espíritu Santo").

Citas de apoyo

Sánanos, Emanuel, aquí estamos,
Esperando sentir tú toque:
Almas profundamente heridas para que las sanes,
Y, Salvador, esos somos nosotros.
William Cowper, "Himnos Olney"

Testigos de la fe

En 1936 Orfa Speicher, una doctora en medicina, arribó a la India como misionera de la Iglesia del Nazareno. Dos años antes, otra organización misionera cedió a la Iglesia del Nazareno una propiedad en Washim, India. La Doctora Speicher asumió la responsabilidad completa de remodelar lo que había sido un edificio escolar y transformarlo en un hospital, que abrió en 1938. Al principio la Doctora Speicher tuvo la ayuda de una única enfermera. A medida que el equipo médico ganó la confianza de la población, aumentó la necesidad de extender el hospital. La doctora asumió los roles de arquitecta y supervisora de construcción. El proceso de construir un hospital moderno continuó por 15 años y en 1946 el misionero Juan Darling estableció el primer curso de entrenamiento de enfermeras. Hoy el Colegio Nazareno de Entrenamiento de Enfermeros de la India y el Hospital Memorial Reynolds opera totalmente con cristianos de la India como un poderoso testimonio del amor y el poder sanador de Dios para miles de personas a su alrededor.

Huellas

Phineas F. Bresee, el primer superintendente general de la iglesia, vivió en una propiedad de la Iglesia Metodista hasta 1894, cuando él y su esposa se mudaron al hogar de su hijo, el Dr. Pablo Bresee, en Los Ángeles donde residieron hasta su muerte. De acuerdo con la costumbre de la época, el consultorio de Pablo Bresee estaba en la misma casa y los pacientes entraban y salían todo el día. Pablo era también el médico de sus padres y, además, era también un laico nazareno muy activo y, su esposa Ada, fue una de las fundadoras de la Sociedad Misionera Nazarena y, por muchos años, secretaria del Distrito California Sur.

Para reflexionar y poner en práctica

1. JEHOVAH-ROPHE, uno de los muchos nombres para Dios usados en la Biblia, se traduce como "El Señor que Sana". JEHOVAH-ROPHE implica sanidad espiritual, emocional y física. Para leer acerca del "El Señor que Sana", ver Éxodo 15:22-26 y Jeremías 30:17. ¿Qué tipo de sanidad implican estos versos?
2. Generalmente asociamos sanidad con el ministerio de Jesús en el Nuevo Testamento. Para ejemplos de ambos, vea estas citas bíblicas:

- Antiguo Testamento: Génesis 2:20-22; Números 21:4-9; 1 Samuel 1:19; 2:21; 5:10-6:12; 2 Reyes 5:1-14.
- Nuevo Testamento: Mateo 4:23-24; 8:14-15; 12:9-13; 20:29-34; Marcos 5:25-34; Lucas 7:1-10, 22; 17:11-19; 22:47-51.
- Los apóstoles también recibieron la comisión del ministerio de sanidad. Ver Hechos 3:1-10; 5:12-16; 9:10-19; 14:8-15.

3. Muchos cristianos tienen grandes luchas con la idea de que algunas personas son sanadas y otras no. Por ejemplos de como el sufrimiento puede tener propósitos que en nuestra humanidad no podemos entender, leer Salmo 73:1-5, 23-26 y Job 2:7-10. La respuesta yace en la soberanía de Dios (Job 38-42:6) y en la confianza de la gloria eterna (2 Corintios 4:16-18).

REFERENCIAS BÍBLICAS ADICIONALES
2 Reyes 5:1-19; Salmo 103:1-5; Mateo 4:23-24; 9:18-35; Juan 4:46-54; Hechos 5:12-16; 9:32-42; 14:8-15; 1 Corintios 12:4-11; 2 Corintios 12:7-10; Santiago 5:13-16.

15
La Segunda Venida de Cristo

Creemos que el Señor Jesucristo vendrá otra vez; que los que vivamos en el momento de su venida, no precederemos a los que durmieron en Cristo Jesús; mas si hemos permanecido en Él, seremos arrebatados con los santos resucitados para reunirnos con el Señor en el aire, y estaremos siempre con Él.
Manual, Artículo 15

El General Douglas MacArthur, durante la segunda guerra mundial, se puso de pie a orilla del agua y despidió a los soldados que estaban estacionados en Filipinas. Los dejó con una promesa: "Regresaré". Jesús estuvo con los discípulos en el Monte de los Olivos e hizo una promesa similar momentos antes de partir a su hogar celestial.

La mayoría de los artículos de fe cristianos hacen alguna declaración sobre la segunda venida de Cristo. Nuestra razón para creer tan firmemente en el retorno de Cristo halla su fortaleza en las 318 referencias que hace a la misma el Nuevo Testamento. Jesús mismo habló con frecuencia de su regreso, primero en Mateo 24–25, Marcos 13 y Lucas 21.

Pablo añadió una perspectiva posterior en Filipenses 3 y 1 de Tesalonicenses 4. Inmediatamente después de la partida de Jesús, dos ángeles confortaron a sus discípulos diciendo: "Este mismo Jesús, que ha sido llevado de entre ustedes al cielo, vendrá otra vez de la misma manera que lo han visto irse" (Hechos 1:11). A pesar de que no todas nuestras preguntas pueden ser respondidas ahora, la Biblia indica varias cosas importantes en relación al regreso de Cristo.

1. ¿Qué podemos esperar? De acuerdo con la Biblia, el regreso de Cristo incluirá estos eventos:

El Padre Celestial, después de observar cuidadosamente la situación del mundo a través del tiempo, determinará apropiadamente el tiempo del arribo.

Él dará la señal a Jesús, su Hijo, para que retorne corporalmente a la tierra acompañado de una hueste poderosa de ángeles.

Jesús aparecerá en el cielo por el este y será visible a creyentes y no creyentes por igual.

Su retorno señalará el final del tiempo tal cual lo conocemos.

Resurrección, juicio y recompensa o castigo eterno aguardará a cada uno que haya vivido en a tierra.

2. ¿Cómo podemos esperarlo? Alrededor de estos factores básicos giran una serie completa de eventos como la tribulación, el reinado del anticristo, un período de paz y prosperidad y una batalla llamada Armagedón que implicará a todo el mundo. El problema al discutir estos y otros eventos relacionados con los sucesos del fin del tiempo se relaciona a la duración y secuencia que seguirán. Circularon entre los cristianos varios diagramas que ubican estos eventos en gran detalle. Estos difieren con frecuencia de manera significativa. Esta diferencia de opinión surge del hecho que mientras que la Biblia nos da imágenes parciales de las cosas que vienen, no las da en una secuencia determinada para nosotros. Permítame ilustrarlo. Después de una vacación familiar, mi esposa Susana, con frecuencia me pasa una pila de fotos de ese tiempo y me dice, "Ponlas en orden para el álbum familiar". Como participé en los eventos fotografiados la tarea es fácil para mí. Sin embargo, mi amigo Gabriel tendría mucha más dificultad en organizar las fotos pues no estuvo con nosotros.

Entonces, la verdad es que no sabemos cómo y en qué orden todos estos eventos del final del tiempo resultarán. La única cosa que podemos decir con seguridad es que sucederán como lo dice la Biblia.

3. ¿Cuando sucederán? Unos años atrás un buen amigo mío estaba tan convencido del regreso inmediato de Cristo que miraba a diario las noticias del mundo conteniendo el aliento, listo para anunciar su predicción final unos momentos antes de que ocurriese el evento final. Cada semana predicaba sobre el retorno de Cristo. Él ya fue a estar con el Señor y nosotros aún estamos aquí en la tierra esperando.

Entonces, la pregunta en relación a cuando sucederán estos eventos queda aún sin responder. Durante mis estudios doctorales tomé una clase en este tema. Estudiamos lo que cada generación de cristianos creyó en su tiempo en relación al retorno de Cristo, desde la iglesia primitiva hasta el presente. ¿Qué generaciones estudiamos? Cada generación, desde el primer siglo hasta ahora. ¡Así es! Cada grupo de creyentes a lo largo de historia de la iglesia creyó que el retorno de Cristo sería inmediato.

4. Entonces, ¿cómo debemos vivir? Cuando los discípulos presionaron a Jesús preguntando cuando sucederían estas cosas, Él respondió, "No les toca a ustedes conocer la hora ni el momento determinados por la autoridad misma del Padre" (Hechos 1:7). Algunos interpretan esto para afirmar que no podemos elaborar un calendario a menos que trabajemos fuerte para lograrlo. No estoy de acuerdo. Jesús nos urge a no enredarnos con predicciones sobre el fin de los tiempos. Más bien, nos exhorta a vivir nuestras vidas cristianas como sal y luz en el mundo con la esperanza de su retorno siempre frente a nosotros.

"Manténganse despiertos", dijo Jesús, "porque no saben qué día vendrá su Señor" (Mateo 24:42). Y respondemos junto con Juan, "sí, ven, Señor Jesús" (Apocalipsis 22:20RVR60).

FRANK MOORE es vice rector académico y deán en la Universidad Nazarena MidAmérica en Olathe, Kansas, Estados Unidos.

ESTUDIO DE PALABRAS

Parousia. De la raíz indo europea – "ser", a través de la palabra griega parousia, "presencia" o "llegada". En el mundo antiguo, "parousia" indicaba la visita de un rey a alguna de sus provincias. La palabra griega "parousia", en el español actual tiene sólo un significado: La segunda venida.

GLOSARIO DE LOS TIEMPOS FINALES

- *Escatología.* Es el estudio de "las últimas cosas" o final de los tiempos.
- *Apocalíptico.* Se refiere a la creencia que el fin del mundo, según lo conocemos, se acerca.

- *Tribulación.* Un período de gran trastorno durante el cual Satanás ejercerá el control sobre la tierra por medio del anticristo.
- *Armagedón.* La ubicación geográfica dada en Apocalipsis para la batalla culminante del final del tiempo.
- *Milenio.* Se refiere a los mil años del reinado de Cristo en la tierra después que los eventos del final ocasionen el fin de este mundo.
- *Sectas del Día del Juicio Final.* Aquellos que se retiran del mundo porque es malo esperar el fin del mundo, algunas veces causan sus propios eventos para precipitar sus predicciones sobre el final de los tiempos.

Citas de apoyo

Si nuestras esperanzas, no importa cual sea nuestro reclamo, descansan realmente en este mundo en lugar del orden eterno, nos será difícil aceptar las enseñanzas sobre la segunda venida del Nuevo Testamento. A nuestros ojos, el trabajo aún no fue realizado; y esta tarea sería, aunque no lo reconozcamos, una interferencia. Pero suponga que nuestra esperanza se sostiene en el propósito de Dios, entonces, con confianza dejamos en sus manos los tiempos. Mientras tanto, hagamos lo que se nos dijo: estar alertas, orar y trabajar para la extensión de su Reino.

J. B. Phillips, Cristianismo en el Nuevo Testamento.

Nosotros vivimos "entre tiempos" – el tiempo de la resurrección de Cristo y la nueva era del Espíritu, y el tiempo del cumplimiento en Cristo. La vida en el Espíritu es una promesa, "un anticipo" del reino de paz final. En el ínterin, debemos ser signos del Reino que ya está y, al mismo tiempo, está llegando.

David Kirk

La segunda venida no es el regreso de un Señor que estuvo ausente, sino la manifestación de una presencia completa y victoriosa que estuvo hasta ahora parcialmente escondida por el velo del pecado y del mal. La existencia de Cristo resucitado será de tal modo actualizada en este evento que ya no podrá ser escondida.

Rob L. Staples, Palabras de Fe.

- La Segunda Venida de Cristo

PARA REFLEXIONAR Y PONER EN PRÁCTICA

La segunda venida de Cristo se menciona 318 veces en el Nuevo Testamento. Aunque es cierto que hay eventos y tiempos relacionados al final que no podemos predecir, y en realidad no podemos conocerlos, la Palabra de Dios nos da profecías definitivas sobre la segunda venida de Cristo en las cuales podemos tener la seguridad de que sucederán. Examine las siguientes citas bíblicas.

Cristo vendrá a la tierra por segunda vez: Mateo 24:27,30; Lucas 21:27; Hechos 1:11; Apocapipsis 1:7-8.

El momento exacto de su venida es desconocido: Mateo 24:36, 44; 25:13; 1 Tesalonicenses 5:2; Apocalipsis 16:15.

Signos definidos señalarán su venida: Mateo 24:1-35; 2 Tesalonicenses 2:3-4; 1 Timoteo 4:1; 2 Timoteo 3:1-5.

REFERENCIAS BÍBLICAS ADICIONALES

Mateo 25:31-46; Juan 14:1-3; Hechos 1:9-11; Filipenses 3:20-21; 1 Tesalonicenses 4:13-18; Tito 2:11-14; Hebreos 9:26-28; 2 Pedro 3:3-15; Apocalipsis 1:7-8; 22:7-20.

16
La Resurrección, el Juicio y el Destino

Creemos en la resurrección de los muertos, que los cuerpos tanto de los justos como de los injustos serán resucitados y unidos con sus espíritus —"los que hicieron lo bueno, saldrán a resurrección de vida; mas los que hicieron lo malo, a resurrección de condenación".

Creemos en el juicio futuro en el cual toda persona comparecerá ante Dios para ser juzgada según sus hechos en esta vida.

Creemos que a los que son salvos por creer en Jesucristo nuestro Señor y le siguen en obediencia, se les asegura la vida gloriosa y eterna; y que los que permanezcan impenitentes hasta el fin, sufrirán eternamente en el infierno.

Manual, Artículo 16

El último artículo de fe, apropiadamente, se refiere al final de la vida humana. A primera vista puede parecer un presagio en cuanto a que es la anticipación del juicio. Pero, en realidad, este artículo en todas sus partes es una afirmación del plan gratuito de Dios para la salvación de la humanidad.

Un entendimiento correcto del juicio demuestra con la misma certeza ser un don gratuito como una anticipación del cielo. Dios le dio a la humanidad el importante don del significado. Nuestras decisiones son un asunto de importancia. Nuestras elecciones son reales. Nuestra forma de vida marca una diferencia. Una respuesta apresurada puede sugerir que estaríamos mejor sin la responsabilidad que este temible don nos concede. ¿No hubiera sido mejor si la historia concluyera igual sin importar lo que nosotros hacemos?

Algunos años atrás una película exploró esta posibilidad representando la situación extrema de una persona capturada en una realidad en la que sus decisiones y acciones no tenían ningún efecto. Cada nuevo día comenzaba igual sin importar lo que el personaje hiciera. Buenas decisiones, malas decisiones, autodestrucción, sacrificios nobles – todo desaparecía como si nunca hubiera acontecido. Lo que pudo parecer una opción atractiva pronto reveló una encubierta inutilidad. El personaje principal halló que su vida no tenía sentido, no tenía significado. Ser liberado para comenzar una vida con las consecuencias de sus decisiones hizo posible para él la vida real.

Dios nos dio ese don. Tenemos valor. Lo que hacemos tiene valor. Es un don muy importante, lleno de posibilidades profundas y, a veces, espantosas. Pero es un don.

También es importante reconocer el carácter y el espíritu de juicio. Una afirmación poderosa de las consecuencias por parte de Dios no significa que disfruta o que le satisface que lleguemos al juicio final en desobediencia. Creer que Dios tiene una especie de espíritu de satisfacción "porque ahora vas a recibir lo que te mereces" es una proyección de nuestra inclinación humana a la vindicación o venganza. Al contrario, el espíritu de Dios puede ser observado en Jesús cuando lloró sobre la ciudad de Jerusalén condenada. "¡Jerusalén, Jerusalén, que matas a los profetas y apedreas a los que se te envian! ¡Cuántas veces quise reunir a tus hijos, como reúne la gallina a sus pollitos debajo de las alas, y no quisiste!" (Mateo 23:37). Dios finalmente juzgará, pero será un día de tristeza divina por aquellos que lo rechazaron.

C. S. Lewis ofrece una descripción valiosa del día del juicio en su libro El Gran Divorcio. En aquel día, sugiere, sólo dos clases de personas estarán frente a Dios: Aquellos que dijeron a Dios, "Hágase tu voluntad", y rindieron sus vidas al señorío de Cristo; y la de aquellos a quienes Dios finalmente y con reticencia les dirá, "Tu voluntad sea hecha". Los últimos serán liberados a su propio señorío. El juicio que sufrirán será, de hecho, el suyo propio. El Dios que nos dio el significado de la libertad humana finalmente reconocerá nuestra declaración de independencia.

Todo el final de la historia es en reacción a los dones. Una vez que nos dio significado y, por lo tanto, las consecuencias, Dios nos ofrece la esperanza de la vida eterna que transciende a todo mérito de cualquiera de nuestras acciones. Se nos ofrece una salida más allá de donde lo podemos alcanzar. La vida que se nos ofrece es eterna. El significado bíblico de este tipo de vida nos dice tanto acerca de la calidad como de la duración de esa vida.

Es vida en su pleno potencial. Es el concepto de vida de mayor vitalidad y riqueza. Posee plenitud y profundidad. Es el tipo de vida que, no sólo existe para siempre, sino que también permanece para siempre total y completamente en la presencia de Dios. Es una vida inexplicablemente más abundante de lo que podemos imaginar en el presente. La muerte en todas sus manifestaciones - imperfección, pena, enfermedad, soledad y alienación – será vencida con plenitud y sanidad. "Cuando lo corruptible se revista de lo incorruptible, y lo mortal, de inmoralidad, entonces se cumplirá lo que está escrito: La muerte ha sido devorada por la victoria" (1 Corintios 15:54).

Como el resto de la historia de Dios para con nosotros, el final de la historia consiste en buenas noticias. Dios nos honra, nos bendice con potencial real y con una esperanza indescriptible. Su visión para nosotros va más allá de esta vida breve y mortal. Él nos llama a un entendimiento de nosotros mismos y de nuestras vidas que nos levanta a un lugar más elevado de esperanza duradera. Esta esperanza no sólo señala un futuro anticipado sino que, también, nos ayuda a entender y vivir nuestra vida ahora mismo. Porque este es el futuro que Dios tiene para nosotros, podemos – y debemos – vivir fiel y confiadamente para Él aquí donde estamos. Nosotros ya sabemos el final de la historia.

CARL M. LETH es profesor de teología y presidente de la División de Religión y Filosofía de la Universidad Nazarena Olivet en Kankakee, Illinois, Estados Unidos.

ESTUDIO DE PALABRAS

Destino. De la raíz indo-europea stā, que significa "estar firme o permanecer", por medio de la palabra latina dēstināre, "afirmar, establecer". El destino es "el inevitable o necesario designio al que una persona particular esta destinada". Sin embargo, a diferencia del entendimiento de designio como un resultado predestinado por una fuerza desconocida o eventos incontrolados, la Palabra de Dios nos enseña que nuestro destino eterno está determinado por el justo juicio de Dios de nuestras decisiones libres y obras en esta vida. La vida eterna está a disposición de todos aquellos que escogen "creer en Jesucristo, Señor nuestro y le siguen en obediencia" (Manual, Artículo 16).

CITAS DE APOYO

Ahora, puesto que nuestro estado eterno no es tan cierto como el estado presente; puesto que hemos de vivir para siempre, como ahora vivimos; es claro que no podemos juzgar el valor de ningún tiempo particular por nuestra cuenta, sino comparándolo a la duración eterna, para la que fuimos creados...

Hasta el fin del tiempo, Dios es compasivo y se identifica con nuestro sufrimiento, y hace continuo para cada criatura el poder de escoger vida o muerte, agua o fuego; pero cuando llegue el final del tiempo, habrá también un final para la libertad de escoger y el juicio final pondrá a cada uno en la plena y sola posición que haya escogido.

William Law, Una Apelación a Todos los que Dudan

PARA REFLEXIONAR Y PONER EN PRÁCTICA

1. ¿Qué sucederá a aquellos que mueran antes de la Segunda venida? Juan 5:25-29; 11:21-27; 1 Corintios 15:12-58; 1 Tesalonicenses 4:13-18; Apocalipsis 20:11-13.
2. ¿A quién escogió el Padre que sirva como juez? Juan 5:22-23, 26-27; 2 Timoteo 4:1.
3. ¿Quiénes serán juzgados? Mateo 25:31-32; 2 Corintios 5:10.
4. ¿Cuál será el resultado final como resultado del juicio? Mateo 25:31-46; Romanos 2:5-11; Apocalipsis 20:15.

REFERENCIAS BÍBLICAS ADICIONALES

Génesis 18:25; 1 Samuel 2:10; Salmo 50:6; Isaías 26:19; Daniel 12:2-3; Mateo 25:31-46; Marcos 9:43-48; Lucas 16:19-31; 20:27-38; Juan 3:16-18; 5:25-29; 11:21-27; Hechos 17:30-31; Romanos 2:1-16; 14:7-12; 1 Corintios 15:12-58; 2 Corintios 5:10; 2 Tesalonicenses 1:5-10; Apocalipsis 20:11-15; 22:1-15.

www.ingramcontent.com/pod-product-compliance
Lightning Source LLC
Chambersburg PA
CBHW071306040426
42444CB00009B/1889